BERNARD MONTAUD

LE TESTAMENT DE L'ANGE

Les derniers jours de Gitta Mallasz

Albin Michel

Albin Michel
▪ *Spiritualités* ▪

Collections dirigées
par Jean Mouttapa et Marc de Smedt

22, rue Huyghens, 75014 Paris

ISBN 2-226-07940-8
ISSN 1147-3762

Avertissement

« Attention, ce n'est plus moi qui parle! » Par ces mots commença, dans un petit village de Hongrie, un certain jour de 1943, une des aventures spirituelles les plus étonnantes de ce siècle. Au cœur de l'Europe déchirée, quatre jeunes gens – Hanna, Lili, Joseph et Gitta – avaient décidé d'installer à la campagne leur atelier de décoration. En quête d'essentiel, quoique éloignés de toute pratique religieuse, ils avaient commencé à partager leurs problèmes personnels en vue d'avancer ensemble sur le chemin de leur vérité, lorsque advinrent brusquement, prononcées par Hanna, ces paroles de feu : *« Attention, ce n'est plus moi qui parle! »*...

Dès lors, et durant dix-sept mois, une puissance de Lumière innommée – que, faute de mieux, les quatre témoins appelleront « Ange » ou « Maître intérieur » – parlera par la bouche de Hanna. Mot à mot, ses messages sont transcrits sur de petits cahiers, que Gitta, seule survivante du dénouement tragique de cette aventure – ses trois amis ayant péri en camp de concentration –, parviendra à sauver et à publier, bien plus tard, sous le titre de *Dialogues avec l'Ange*. Ce document, remarquable par sa profondeur, sa limpidité et son évidente authenticité, a aujourd'hui fait le tour du monde. Ses centaines de milliers de lecteurs, comme d'innombrables chercheurs dans le domaine de la spiritualité ou de la psychologie des profondeurs, le tiennent pour un maître livre, compagnon du chemin intérieur.

Sa vie durant, Gitta Mallasz se dépensa sans compter pour transmettre le sens de cet « événement » dont elle avait été le témoin, et qui bouleversa sa vie. Sans jamais « jouer au gourou », sans sacrifier un seul instant à une quelconque mode spiritualiste ou autre, elle s'attacha à dire et redire inlassablement l'essentiel : « Nous étions des gens complètement ordinaires, c'est pour cela que nous avons été choisis : pour montrer comment l'enseignement divin peut transformer la vie de personnes tout à fait banales. »

Comme sa vie, sa mort fut humaine, profondément humaine. Et si un enseignement spirituel se dégage de ces pages, il ne peut être rattaché à quelque mouvement que ce soit, car il n'est que le fruit de l'expérience d'une femme parmi d'autres : d'une femme « ordinaire », peut-être, mais vivante, qui a montré que la Lumière peut jaillir de l'« ordinaire », pour peu que l'on sache la recevoir.

Ce livre a été écrit à partir de cassettes enregistrées et des notes prises lors des dernières semaines de la vie de Gitta.

Il relate MON expérience personnelle. Pour des raisons de clarté, je n'ai pu intégrer celle de mon épouse, pourtant comparable à la mienne.

Je remercie Patricia Montaud et Dominique Raoul-Duval pour leurs corrections si précieuses, ainsi que Thérèse Roesch pour son travail de dactylographie.

Je dédie ce livre à Véra Székely et à Narcisso Yepes; leurs yeux à distance ont souvent guidé ma main, tant je savais que leur lecture serait profonde.

Faire-part

J'ai quitté mon corps,
cet outil précieux qui m'a été donné
pour accomplir ma tâche sur terre.
Il a été trop usé par le temps.
Je sais qu'un autre outil me sera donné,
plus approprié pour une nouvelle tâche.

Toi aussi, tu as une tâche, une tâche unique.
Il est bénéfique de bien l'accomplir
aussi longtemps que ce rare don du Ciel
– ton corps terrestre –
est utilisable.
Sinon tu as vécu en vain.

GITTA

Introduction

« Je vais rejoindre ma patrie »

« CE QUI EST AU-DEHORS – EST ENSEVELI.
CE QUI EST AU-DEDANS – S'ACCOMPLIT. »
(p. 332) *

* Les chiffres renvoient aux pages des *Dialogues avec l'Ange*, édition intégrale, Éd. Aubier, 1990.

C'EST avec ces mots que Gitta est partie. Et je voudrais, par ce livre, vous livrer la chronique de ses quinze derniers jours, mais aussi le journal de notre « couple » achevant de construire sa dimension spirituelle. Bien souvent, on ne sait rien sur la mort de ceux qui ont tant écrit pour notre cœur, tant œuvré pour le réveiller. Leur mort fut-elle à la mesure de leur vie? Eh bien, oui! Mais serai-je assez digne pour vous parler de cette fin sans la trahir, assez humble pour vous faire partager la leçon de vie que j'ai reçue en choisissant de l'accompagner jusqu'au bout?

On a beau lire partout que mourir d'un côté, c'est aussi naître de l'autre, c'est devant le vécu que finalement tout se scelle, tout se vérifie.

Elle est née sous mes yeux, et parce que je l'ai vu, je ne peux plus en douter. Ce fut bien une transfusion sacrée qu'elle m'imposa, parce qu'elle sut faire de sa mort un outil de mesure pour ma vie. Mais se peut-il que ces quinze derniers jours concernent aussi vos prochaines années?

Et puis, il faut que vous sachiez l'incroyable amour qu'il lui a fallu pour que, jusqu'au bout, elle m'invite encore à partager son ultime intimité. Elle me fit même prendre des notes sur son voyage, s'effaçant devant sa propre mort afin que cela serve ma vie. Et moi, pauvre terrien, qu'ai-je reçu sinon des miettes, tant elle était devenue la parole vivante des *Dialogues!* Non plus le scribe des *Dialogues* de Hanna, mais la bouche vivifiante de ses propres *Dialogues.* Cela aussi, je voudrais que vous l'entendiez

« Dis-leur, mon ours, dis-leur! Il n'y a pas d'extase, pas d'exaltation, mais l'ordinaire devient si grand. »

C'est avec cette phrase, si souvent répétée, qu'elle balaya jusqu'au bout tout romantisme à propos de la mort. Jamais, durant sa vie, elle n'avait porté le moindre crédit aux soi-disant grandes expériences spirituelles. Sa fin allait le prouver, en nous entraînant non pas dans une visite du surnaturel mais dans l'incroyable intensité du vivant poussé jusqu'à ses derniers retranchements.

C'est aussi la raison de ce livre : vous entraîner dans une autre, une tout à fait autre mort : UNE MORT QUI POURRAIT VOUS FAIRE ENVIE; c'est ainsi que je me retrouve aujourd'hui.

Avouez, quand même, que ce n'est pas si fréquent!

D'ailleurs se peut-il qu'elle soit morte en nous indiquant la voie du milieu? Non pas la terrible agonie des vieillards-légumes, ni la fin divine d'une grande sainte, mais une mort praticable par tous, une mort à notre portée quand le vrai surnaturel consiste à vivre l'ordinaire jusqu'à son comble.

Ainsi fut la sienne, et parce que la mort de son corps ne prenait pas toute la place, la vie de son esprit put atteindre des sommets.

« Avec la mort, il y a d'un côté un livre de Gloire inexprimable, et de l'autre, mon corps, le livre des douleurs de la terre. Tu sais, il faut encore choisir. »

Imaginez-vous la mort de ceux qui perdent leurs poumons chaque jour un peu plus? Imaginez-vous l'air qui vient à manquer et des limites de plus en plus étroites? Eh bien! Il fallait le voir pour le croire : le combat n'a pas eu lieu, ou si peu. Lorsqu'elle étouffait, elle aurait pu se débattre, lutter. Elle aurait pu se laisser aller au livre du corps. Mais elle n'en fit rien. Jamais, je vous le jure, elle ne laissa sa chair diminuée prendre le dessus, ni même l'encombrer d'un souci.

S'il y a deux livres devant nos yeux au moment de la mort, je sais lequel elle a choisi, et ces pages en sont la preuve : on peut mourir VIVANT.

On ne sort pas indemne d'un tel face-à-face. A l'évidence elle ne fut pas soumise aux tourments de sa propre dégradation physique.

Et toi, mon vieux, criait ma voix du dedans! Et toi, comment vis-tu toutes tes petites misères?

Mesure! semblait me dire la vie; mesure jusqu'où un corps peut descendre sans affecter l'esprit!

Mais qui suis-je donc pour être si tiède à côté?

Décidément, ma Gitta, tu meurs plus vivante que je ne le suis.

« Avec ma mort, vient la nouvelle fréquence pour toi. La vie est curieuse, elle a faim du Nouveau à travers toi. Sois grand, mais pas grandiose. »

Ce livre, c'est aussi une page de notre aventure. Gitta Mallasz et Bernard Montaud vécurent côte à côte quelques années, mais savez-vous jusqu'à quel point? La relation spirituelle est une chose si mystérieuse, une rencontre d'un autre ordre, avec ses lois, avec ses jeux, dont on ne peut avoir le goût qu'en la vivant.

Autant vous le dire, jamais Gitta ne se pensa maître en quoi que ce soit.

C'est peut-être pour cela qu'elle le fut pour moi.

Autant vous le dire aussi, quelle plaisanterie de se prendre pour un disciple!

C'est peut-être pour cela que je le fus parfois.

Compagnons de route, voilà ce à quoi nous étions arrivés. Et ce n'est déjà pas si mal.

Savez-vous, il a fallu que je m'occupe de sa terre, toute sa terre, que dans les actes je descende jusqu'au plus concret pour lui enlever toute préoccupation matérielle.

Alors, et seulement alors, elle put m'offrir son ciel, tout son ciel, et elle est allée jusqu'aux limites du possible en me livrant la nudité... de sa propre mort, en pensant à moi plutôt qu'à elle dans ses derniers instants.

Mais qui donc a déjà fait cela pour vous?

Et qu'avez-vous donné pour qu'on vous l'offre?

Tant pis si je choque, mais que celui qui se pense dans une relation spirituelle ait l'audace d'aller jusque dans les actes où CELA SE VIT. Alors peut-être aura-t-il la chance de vivre un impensable amour, un amour partagé, où chacun se consacre à la beauté de l'autre.

Mais qui donc s'occupe de la vôtre?

Au fait, de quelle beauté vous occupez-vous en échange?

Oh! mon Dieu, le plus terrible ce n'est pas sa mort, mais l'héritage qu'elle me laisse sur les bras : faire comprendre que tous nos amours ont un sens tant que l'on cherche le plus grand. Faire comprendre que nos vies ne sont que des passages vides si nous ne rencontrons pas l'ultime amant : notre pareil de lumière.

Et voilà, par sa mort, c'est toute sa vie qui prend un nouveau sens, une nouvelle fréquence de service. Et ces pages sont le récit de l'accomplissement de sa dernière dignité, sous mes yeux, pour que je naisse à la mienne.

N'était-ce pas ainsi, entre nous, depuis toujours?

C'est peut-être cela, un couple spirituel?

Quand l'un meurt, l'autre vit... et le sens continue.

« Tout est programmé. J'étouffe, mais parce que c'est programmé, c'est supportable. Le sens me porte, c'est une autre mesure. »

Approchez-vous au bord de son lit de mort, terrible confrontation avec son corps autant qu'avec son esprit.

Approchez-vous encore pour entendre ses mots et ses étouffements, pour mesurer le paradoxe d'une telle paix au milieu d'un si grand champ de bataille.

J'aimerais tant qu'en refermant ce livre, vous puissiez

dire comme moi : cette mort, je la veux! Alors j'aurais réussi.

Pour l'avoir vue, de mes yeux vue, je sais maintenant qu'une autre mort est possible. Je n'ai donc plus d'excuse en ce qui concerne la mienne.

Et vous, pour l'avoir lue, de vos yeux lue, aurez-vous encore autant d'excuses au sujet de la vôtre? Attention ce livre peut être dangereux. Ce que vous entendrez de ses derniers instants vous convoque à la même dimension pour les vôtres. Ce que vous sentirez de son ultime humanité vous oblige à la retrouver pour vous. Sinon à quoi nous servirait-il de sentir le juste, si nous pouvions rester impunément dans le faux?

Attention ce livre est dangereux, votre propre mort en dépend.

Les derniers mois : naissance d'une nouvelle écriture.

Quand les Anges s'en mêlent, tout compte. Et chaque pièce du puzzle prend sa place inexorablement pour que s'accomplisse le Scénario divin.

C'était en décembre 1991; comme chaque soir, Gitta était venue souper chez nous. Et comme chaque soir le repas devint vite prétexte à une discussion intense. Cette fois-là, le sujet tourna autour des tièdes, de ceux qui ont peur de se tromper, peur de s'engager : « Je revendique le droit à l'imperfection, parce que c'est le seul moyen pour un homme de progresser », avait-elle lancé soudain.

Le repas terminé, elle rentra seule chez elle, dans la petite maison d'en face. Alors qu'elle se préparait à se coucher, son cœur se mit brusquement à battre à tout rompre. Et elle s'effondra.

Durant quelques minutes, nous dira-t-elle plus tard, elle vit défiler sa vie et mesura en un éclair ce qui lui restait à faire sur terre.

Sa mauvaise mine persistait. Ce n'est qu'un mois plus tard, devant notre inquiétude, qu'elle nous avouera son accident cardiaque. Infarctus, dira le médecin. Mais face à son refus de tout examen, et de toute hospitalisation, il dut se résoudre à changer seulement son traitement, et à repartir avec les *Dialogues* sous le bras. « C'est un cas, votre amie, me dira-t-il en aparté. Elle n'a vraiment peur de rien. Sacrée bonne femme! »

Cet épisode eut certes pour effet de l'affaiblir au-dehors, de la voûter un peu plus; mais aussi de décupler sa détermination à tout mettre en ordre. Elle prit une grandeur nouvelle, son temps devenait sacré. Ce fut comme si elle vivait avec son Histoire... avec l'Histoire; corrigeant inlassablement des traductions mal finies, reprenant méticuleusement de nouveaux textes à paraître, ou encore, s'inquiétant de la récupération des *Dialogues* après sa mort. « Les *Dialogues* doivent rester libres. Il faut fonder une association pour les protéger. »

Elle entreprit même de tout préparer sur terre, en prévision de sa mort. Un matin, elle fit irruption au petit déjeuner avec la mine enjouée que nous lui connaissions bien. Quelle bêtise avait-elle encore inventée? Pour une surprise, ce fut une surprise : découvrir un faire-part de décès tout imprimé. Un faire-part flambant neuf que l'on venait juste de lui livrer.

« Comme ça, vous n'aurez pas ce souci! Il vous reste

juste la date à mettre », conclut-elle joyeusement comme pour une bonne farce.

Ce matin-là, nos tartines restèrent quelques instants en suspens au-dessus de nos bols. Avez-vous souvent croisé des gens qui s'amusent avec leur fin? Ses yeux coquins et malicieux en attestaient : décidément, c'est possible de jouer jusqu'au bout.

Durant les mois qui suivirent, Gitta prit peu à peu une intensité nouvelle. Oh, rien à voir avec les extases mystiques. Elle devint joueuse comme jamais, saisissant le moindre prétexte pour rendre l'instant léger.

Le facteur faisait la tête en lui apportant son courrier. Elle l'appela « mon gentil rossignol ». Et depuis lors, on l'entend siffler tous les matins.

Sa femme de ménage était fatiguée. Elle l'obligea à faire la sieste. Et hop! Dans la chaise longue, la femme de ménage, avec obligation de fermer les yeux. Et bien sûr, elle s'est endormie, le repassage, on verrait plus tard.

En contrepoint de tout cela, Gitta cherchait à naître dans une nouvelle dimension d'écriture. Son exigence envers elle-même fut décuplée. Et ses journées de travail s'allongèrent jusque tard dans la nuit. Fatiguée pour toutes les choses de la terre, elle trouva une motivation nouvelle pour se consacrer à l'art des mots justes. « Il n'y a qu'à ma table que je suis en forme, mon vieux! s'exclama-t-elle un jour devant mon inquiétude. Chaque mot à sa place, c'est cela qui me tient vivante. »

Déjà, avec son dernier livre, *Petits Dialogues d'hier et d'aujourd'hui*, elle avait fait un pas, un pas vers d'autres mots. Mais de toute évidence une nouvelle écriture restait à trouver. Laquelle? Le sujet devint si brûlant que lors de nos cafés de quinze heures, il ne fut bientôt plus question que de cela. Et nos sacro-saintes rencontres quotidiennes, où chacun exprimait son problème du moment, tournèrent sans cesse autour de cette unique question : que restait-il à écrire à Gitta Mallasz?

Nous avions beau « chauffer » le sujet, moins nous trouvions le Nouveau et plus Gitta se consacrait à protéger l'ancien, c'est-à-dire les *Dialogues avec l'Ange*. Ainsi, par une sorte de compensation inconsciente, elle reportait toute son énergie sur l'organisation juridique des droits audiovisuels et des traductions futures.

Cela devint presque une obsession, le jour où une équipe américaine proposa de tourner un film sur les *Dialogues*. Qu'allaient-ils en faire? Comment les contrôler? Comment empêcher ce kitsch New Age si cher à nos sociétés modernes? Autant de questions qui, en polarisant Gitta du côté de la défense du passé, lui enlevaient toute force pour se consacrer à sa création.

Nos cafés rituels devinrent des joutes impitoyables, tant je restais persuadé que seuls de *Nouveaux Dialogues* de Gitta Mallasz pourraient protéger les anciens de Budaliget.

C'était le 3 mars. Mais qu'est-ce qui m'a pris de lui dire tout ça!

« Quand est-ce que Gitta ne sera plus le gentil perroquet de Hanna? Ne m'as-tu pas enseigné sans cesse à trouver ma voie? Et toi, quand écriras-tu TES *Dialogues?* »

Gitta résista à cette idée. Il y avait un si grand sens du service chez elle, et si peu de désir de notoriété.

Une telle perspective bouleversait ses valeurs les plus intimes.

« Mon vieux, je suis le scribe des *Dialogues avec l'Ange,* un point, c'est tout!

– Mais pourquoi taire tout ce que nous avons vécu à Tartaras? La meilleure défense de ce livre, c'est ton expérience ordinaire avec l'Ange. Tu perds ton temps à vouloir empêcher les commentaires et les récupérations.

– Tu sais, il y a eu Budaliget, et peut-être que jusqu'à la fin de mes jours, il ne m'est pas demandé autre chose que de servir fidèlement les *Dialogues,* comme un gentil ouvrier. C'est un peu romantique, Gitta Mallasz surgissant sur l'avant-scène à la fin de sa vie avec de nouvelles révélations.

– Mais Gitta, d'où vient ta lassitude des livres explicatifs et ton acharnement à trouver autre chose? Cela indique qu'il est attendu quelque chose de toi, quelque chose de nouveau! »

La vie est exigeante avec les êtres vraiment vivants. Rendez-vous compte, à quatre-vingt-cinq ans, traverser encore une telle crise, tout remettre en cause et chercher une dimension nouvelle à cet âge où d'autres se contentent de rabâcher leur passé.

Impressionnante Gitta! Elle se remit à l'ouvrage dix à quinze heures par jour. Pas question d'écrire de nouveaux *Dialogues,* mais elle chercha quand même une autre forme de message.

Certains soirs, je vous l'avoue, j'ai eu honte d'user encore ses forces, de la pousser vers cette beauté dont je la savais capable. Au fond, c'est peut-être bien cela que nous vivions ensemble : cette exigence secrète que chacun avait pour la grandeur de l'autre.

Après de nombreux essais infructueux, c'est sous la forme d'un journal intime avec son Ange que sa nouvelle écriture sembla s'affirmer. C'est alors qu'un événement important survint.

Nous étions fin mars, et la lecture d'un article sur l'œuvre de Soljenitsyne bouleversa Gitta. Elle vit la solitude de cet homme face à l'énorme machine communiste, avec pour seule arme ses mots contre un empire de mensonges.

Assise dans sa chaise longue, je la vis quelques instants plongée dans le silence, comme si elle mesurait la puissance des mots; une puissance capable de nous permettre d'être seul contre tous quand il s'agit de défendre la vérité.

« Oh! mon Dieu, laissa-t-elle échapper, en quelques secondes tout ce que l'on peut sentir!

– Mais qu'est-ce qui te touche à ce point?

– L'écriture de Soljenitsyne est si grande. Tu te rends compte : elle a infléchi le cours de l'Histoire et vaincu le mensonge. C'est un géant!

– Mais... mais Gitta, si tu l'a senti, c'est que tu le peux toi aussi. Regarde comme tu es touchée. C'est évident, c'est la réponse à ce que tu cherches depuis des mois. »

Gitta sembla sensible à l'argument, mais très vite un éclair de malice apparut dans ses yeux.

« Non, moi, je suis ordinaire, or-di-nai-re, tu entends!

Et c'est parce que je suis ordinaire que je suis gênante car tout ce que je vis, tout le monde peut le vivre. C'est ça, ma Tâche.

Soljenitsyne, lui, n'est pas ordinaire. C'est une autre Tâche.

– Mais alors pourquoi as-tu été touchée par cette dimension d'écriture historique? Je crains que parfois ton humilité cache un refus de ta vraie grandeur. Et si installer l'Ange dans le cœur des hommes était aussi important qu'installer la liberté dans le monde communiste? »

Gitta éclata de rire en levant les bras au ciel et en secouant les jambes dans tous les sens.

« Alors je serai une toute petite... géante!

– Mais enfin tu le dis tout le temps : on n'a jamais envie de ce que l'on ne peut pas être. Et accomplir sa Tâche, c'est réaliser ses intuitions les plus profondes. Ton infarctus, c'était peut-être un avertissement. »

Le débat dura ainsi plusieurs jours autour de « l'écriture Soljenitsyne ». Et bien que Gitta ne voulût pas officiellement se ranger à mon point de vue, elle chercha néanmoins sa propre dimension historique.

Pauvre Gitta, poursuivie par mon exigence souvent maladroite! D'ailleurs je devins si critique envers tous ses textes, que pour la première fois elle ne me les montra plus.

Quel couple nous faisions! Chacun observant l'autre sans rien dire, et chacun se sachant observé par le silence. Ce fut la période des gentils babillages autour de tout et de rien afin d'éviter les sujets brûlants. A force de rechercher l'intense chez Gitta, n'avais-je pas découvert le mièvre de mes écrits? Juste retour des choses, me direz-vous. Ainsi, nos repas, d'habitude fort animés, devinrent un concours de banalités. A coup sûr, l'orage allait éclater.

Fort heureusement, les 13 et 14 avril, la télévision devait venir tourner une émission sur Gitta. L'intermède fut salutaire. Et bien que fatiguée par tant d'heures d'enregistrement, elle trouva en cette occasion le moyen de beaucoup s'amuser. Quelques jours plus tard, ce fut le tour d'une délégation canadienne, venue pour organiser une conférence à Montréal. Gitta ne voulait pas y aller, et m'imposa comme conférencier de rechange.

Ainsi lorsque tout le monde fut parti, la tendre connivence de toujours était revenue entre nous. Mais chacun retourna à sa solitude créatrice, retrouvant son problème là où il l'avait laissé. Non, mon futur livre n'était pas bon. Il fallait que Gitta m'aide à le faire grandir. Non, elle n'avait pas trouvé « l'écriture Soljenitsyne », mais elle ne voulait plus se faire enfermer dans cette exigence.

« Je ne trouverai que si je joue. Trop de " il faut " me coupe les ailes.

Il faut jouer, toujours jouer, écrire librement!

Toi aussi, joue! »

C'était la veille de mon départ à Paris, le 23 avril exactement. Alors que nous buvions un café, Gitta me raconta son rêve de la nuit précédente. Était-ce un rêve, d'ailleurs? Une chose était certaine, il allait conduire Gitta à faire un pas supplémentaire.

Il concernait le cinquième Ange de Budaliget, l'Ange appelé Morgen, qui s'exprima à l'époque en langue allemande alors que les autres entretiens avaient lieu en hongrois. Un allemand si poétique d'ailleurs, que ce texte demeurait intraduisible malgré de nombreuses tentatives.

Cette nuit-là Gitta avait entendu en songe : « Vous passez trop de temps à vouloir traduire Morgen dans les mots. Laissez les mots! Traduisez Morgen dans l'esprit! Traduisez librement! »

Elle fut ravie de cette idée : traduire l'esprit et non pas les mots. Tout redevenait possible, ses yeux en pétillaient de plaisir. L'épisode Soljenitsyne était balayé, et je la retrouvais vivante, stimulée par cette nouvelle tâche. Avec Patricia, mon épouse, elle se mit aussitôt au travail. Il était convenu que je ne découvrirais le texte qu'une fois traduit intégralement.

Ainsi conserverais-je un œil neuf afin que nous reprenions ensuite toutes les finitions. Rendez-vous fut pris le lundi 11 mai, pour une lecture à voix haute du premier jet.

Quel chemin parcouru en cinq mois depuis l'infarctus! Subtile ruse des Anges, dans tout ce scénario, poussant Gitta vers le meilleur d'elle-même et la plongeant dans un texte si dense et si puissant : notre Gitta mangeait à nouveau à sa faim, tout en recommençant à jouer avec son Ange pour que la traduction « dans l'esprit » soit possible.

Nul doute pour moi, mais je ne le vois qu'aujourd'hui, le « hasard » fut si bien organisé que lors de ses huit derniers jours, elle fut prête pour traduire son Ange avec une intensité que Morgen avait préparée.

Oserai-je vous le dire, sa mort fut sa plus grande page d'écriture, réalisant tout ce qu'elle avait cherché en vain depuis des mois.

Pour la première fois, Gitta devint porte-parole de la création. Sa mort fut tout ce qu'elle avait cherché, et d'abord un rapprochement avec son Ange; mais elle parvint aussi à cette dimension historique où une autre mort devient possible pour nous tous.

Disons-le tout net : ce fut la mort d'une petite géante.

Aujourd'hui je le sais, car elle en fut la preuve vivante : on peut vivre avec son Ange jusqu'au bout. Et seulement avec LUI, la mort devient une fantastique visite d'intensités insoupçonnées.

Aujourd'hui je le sais, il faut recomprendre l'importance de la place du vieillard qui meurt, si nécessaire à tous ceux qui l'entourent pour qu'ils se préparent eux-mêmes à leur propre mort.

Aujourd'hui je le sais, l'hôpital vole la mort aux mourants, mais aussi aux vivants, car l'amour nécessaire à cette immense aventure ne peut pas s'y accomplir.

Il fallait aller jusqu'au bout, et nous y sommes allés ensemble.

Encore fallait-il que notre relation spirituelle nous y prépare.

Encore fallait-il que j'aie réellement à apprendre, et qu'elle ait encore réellement à donner. Ce sont toutes nos années passées côte à côte qui nous ont offert cette intimité ultime. L'amour spirituel entre deux êtres est décidément d'un autre ordre, conduisant à des ivresses que l'amour charnel ne connaîtra jamais.

J'en suis sûr, sa mort m'aidera pour toujours.

J'en suis sûr, il lui fallait son petit compagnon de route, pour qu'elle puisse m'enseigner encore, pour qu'elle s'élève jusque dans ses derniers instants, pour qu'elle ne laisse pas les souffrances du corps prendre toute la place.

J'en suis sûr, je l'ai aidée à mourir, parce que, tournée vers moi, elle s'est oubliée.

J'en suis sûr : sa mort fut aussi pour ma vie.

Lundi 11 mai

La lecture de *Morgen*

« SI VOTRE MAIN EST EN MOUVEMENT,
LA MATIÈRE INERTE, LA PLANTE FROIDE, L'ANIMAL CHAUD
SONT AUSSI EN MOUVEMENT...
LA LOI, LA GRANDE LOI, EST INÉLUCTABLE :
CHACUN EST CONTENU DANS CE QUI LUI EST SUPÉRIEUR. »
(p. 344)

ÉTRANGE fil conducteur qu'un journal intime! Étrange exercice fixant sur la page des sentiments si vite oubliés!

Depuis quelque temps, je me débats dans un malaise profond et sans raison. Et ce matin, en remettant mes notes au propre, mes yeux parcourent les jours précédents :

Vendredi 8 mai : Mon Ange, quel est ce malaise qui me ronge? Est-ce à cause de mon écriture qui me laisse insatisfait?

Non, je sens la mort. La mort est partout. C'est comme si elle était en train de choisir sa proie autour de moi.

Quelque part une grande décision est en train de se prendre, qui va tellement influencer mon destin qu'une peur sourde m'habite. C'est ça! Je suis aux aguets constamment, en arrêt devant ce qui vient. Mais qu'est-ce qui vient de si grave?

Samedi 9 mai : Je sens qu'il faut que je sois prêt à tout. Mais pourquoi sent-on ces choses-là? Rien dans ma vie n'est en danger, pas le plus petit désordre qui pourrait annoncer une catastrophe. Pourtant, je dois être prêt à TOUT.

D'où nous viennent de tels sentiments? Sinon de l'Ange.

Oh! mon Dieu, comme c'est précis! J'ai senti toute la journée la mort qui rôde. Les dés vont être lancés par la grande main noire. Le chiffre s'arrête. Il désigne sa victime, c'est mon sacrifice d'amour. C'est fait, je le sens : la mort a choisi et cela va s'accomplir.

Mon Ange, une telle certitude me fait peur. Je ne vois rien, je ne comprends rien et pourtant je sais. Mon Ange, aide-moi, ne suis-je pas en train de secrètement devenir fou?

C'est lundi matin que je reprends mes notes du dimanche.

Quel dimanche d'ailleurs, entièrement consacré aux nouveaux membres de notre association. D'ordinaire, la fraîcheur de leurs questions me ravit. Leur découverte si sincère des lois du chemin spirituel me touche tellement.

Mais ce jour-là, il y eut constamment en arrière-plan ce malaise qui me hante depuis quelques jours.

Dimanche 10 mai : Est-ce de ma propre mort dont tu me parles, mon Ange? Dois-je m'y préparer et tout mettre en ordre comme Gitta l'a fait en prévision de la sienne? Comme c'est bizarre, j'entrevois un grand jeu, un jeu avec la mort. Qu'attends-tu de moi? Que je disparaisse?

Mais n'ai-je pas donné tout ce que je pouvais donner?

J'ai pris du recul par rapport à Art'As, l'association que j'avais fondée. Je l'ai donnée à tous ceux qui depuis tant d'années m'accompagnaient. Dois-je m'effacer encore plus? Montre-moi! Je sens soudain qu'un nouveau virage se prépare. Je sens comme un immense cadeau : une graine sainte. Mais qu'est-ce donc que tu m'annonces avec autant d'insistance? Je n'y comprends rien.

Presque malgré moi, mon esprit chercha des pistes toute la matinée. Résultat, mon écriture fut encore plus mauvaise que de coutume. Vraiment, c'était l'impasse avec mon nouveau livre.

Aujourd'hui que j'écris ces lignes, alors que deux mois se sont écoulés, je ne peux m'empêcher d'être surpris par la qualité de nos intuitions. Et comme nous sommes ingrats de ne pas y prendre garde.

Aujourd'hui c'est facile de comprendre, puisque la mort de « ma » Gitta est venue tout confirmer. Mais combien ai-je pu être aveugle et sourd alors que déjà tout m'était dit.

Vers quinze heures, comme tous les jours depuis quatre ans, nous nous sommes rendus, Patricia et moi, à la cérémonie du café chez Gitta. Habituellement, lors de cette réunion, chacun vient mettre sur la table son problème du moment, ou bien encore ses derniers écrits à corriger.

Mais ce jour-là, Gitta est plus rayonnante que jamais, car nous avons rendez-vous avec la nouvelle traduction de Morgen. C'est la fête! Et pendant que Gitta prépare sa lecture à voix haute, Patricia nous sert du champagne et des petits gâteaux. Une délicieuse connivence gourmande règne entre nous trois :

MON NOM EST UNE GRAINE,
IL N'EST PAS ENGAGEMENT, NI DEVOIR.
AUJOURD'HUI
JE TE DONNE MON NOM : DEMAIN *(Morgen *)*
ET CE SOIR
MON NOM EST AUSSI : MATIN *(Morgen)*
D'ÉTERNITÉ EN ÉTERNITÉ.

« Mais pourquoi a-t-il donné son nom ainsi? demanda Patricia. Les autres se contentaient d'indiquer leur tâche : Celui qui aide, ou Celui qui mesure.

– Donner son nom, pour les Anges, c'est offrir le cadeau d'une parcelle divine qui agit sur celui qui l'entend vraiment.

J'en suis sûre, c'est pour nous faire comprendre que chacun de nos actes un peu plus courageux que d'ordinaire fait de nous son coéquipier de matière. C'est lui qui rend la petite lumière de ton Acte agissante dans l'univers entier. C'est avec lui et par tes actes que vous semez des graines pour le nouveau matin de l'humanité de demain.

Tu comprends?

C'est lui qui rend ton geste universellement réconciliant. »

Gitta poursuivit en nous racontant cette fabuleuse journée où son ami Kurt avait posé sa première question à son Ange.

« Jamais encore, je n'avais assisté à une telle explosion d'allégresse divine. Hanna sentait une avalanche d'amour cherchant à se déverser à travers elle. Écoute ce que Morgen disait :

* *Morgen*, en allemand, signifie à la fois « demain » et « matin »

... Il est mien désormais
plus un instant je ne le quitte
le pas est franchi :
maintenant il est formé
formé à l'image de Dieu.

Un être humain a posé sa première question à son Ange : il s'est souvenu de sa moitié de lumière. C'est cela qui compte.

Parce qu'alors l'attente, cette attente amoureuse de l'Ange qui dure depuis des temps immémoriaux, prend fin.

L'homme est venu enfin à son rendez-vous d'amour.

– Oui, mais dis donc, quel destin effrayant pour tous ceux qui ne franchissent pas le cap de cette première question! Quelle impitoyable logique!

– Seul est formé à l'image de Dieu celui qui se souvient de son image divine, qui se souvient de sa moitié de lumière. Dont il est l'autre moitié : la moitié de matière.

Jusque-là, nous ne faisons partie que de milliards d'esquisses d'hommes qui ne font que passer. Jusque-là, nous appartenons seulement à la masse humaine, et ce n'est que de l'humus pour la terre. »

J'avais devant moi quatre-vingt-cinq ans bien droits, avec des paroles d'acier. Comment voulez-vous qu'un seul instant mon malaise concernant la mort se porte sur elle? Morgen faisait son effet, Gitta était plus vivante que jamais.

Un autre passage m'intriguait, dont je repris la lecture avant de poser ma question :

TU ES À MOI.
NE T'ÉGARE PAS!
JE TE DONNE TROIS DONS :
PARLE!
AGIS AVEC JOIE!
SOIS MOI!

« Bon, pour les deux premiers dons, il n'y a pas de problème : je comprends. Mais le troisième m'échappe. Tu sais, c'est comme si je pressentais un autre sens plus grand. Pourquoi Morgen n'a-t-il pas dit : Sois avec moi?

– Souviens-toi, me répondit Gitta, de ce qui dégoûtait mon Ange : mes pleurnicheries et l'apitoiement sur ma petite personne. Bref, toute cette complaisance de serpillière mouillée. Tout cela, c'était mon manque constant de dignité humaine. Selon moi, ce qui manque le plus aux hommes, c'est leur dignité sacrée d'être humain. Qu'ai-je fait de l'œuvre sacrée que je suis? Voilà bien la question que chacun devrait se poser. Et sais-tu les effets de cette terrible maladie? »

Non, je ne voyais vraiment pas où elle voulait en venir.

« Le sacré a été extériorisé peu à peu de l'humain.

CE N'EST PAS L'HOMME QUI EST DEVENU SACRÉ.

NON, IL EST DEVENU SPECTATEUR DU SACRÉ.

Ce qu'il n'a pas pu vivre au-dedans, il l'a mis au-dehors et il en a perdu sa dignité humaine.

Chaque fois que je suis dans une église, un temple ou dans un lieu de culte, j'exclus le sacré de moi-même par une habitude millénaire. Résultat!

Nous préférons le : " Sois avec moi! ", nous nous en contentons.

Et dès lors l'accès au : " Sois moi! " nous est interdit.

NOUS NE DEVONS PLUS ÊTRE SPECTATEUR DE L'ANGE.

MAIS NOUS DEVONS ÊTRE SON CORPS.

C'est cela notre dignité sacrée. »

En écrivant ces pages, je mesure combien, dans les huit derniers jours de sa vie, elle fut Son corps, au point d'oublier les souffrances de sa chair tellement elle vivait le SOIS MOI!

Quel jeu subtil, de vivre avec son Ange! Si souvent nous nous adressons à lui en le projetant au-dehors, comme on parlerait à un vieil ami. Être Son corps, ce n'est pas seulement trois mots, mais un tout autre point de vue.

« Ça y est, je crache de grandes vérités! Il faut arrêter. Vous savez, mes chéris, nous traduisons tellement librement que je crois bien que nous nous éloignons du texte allemand. »

Cela fit beaucoup rire Gitta. Morgen ne devenait plus qu'un prétexte, une sorte de nouvelle ruse des Anges pour nous faire grandir, pour nous faire jouer.

D'ailleurs, n'était-il pas une graine?

Puis, de ces hauteurs, chacun est reparti ce jour-là vers de plus humbles activités : bricolage, jardinage. Seule Gitta se remit à sa table de travail. Quelle santé, quand même!

Mardi 12 mai

Les rêves qui disent TOUT

« DE RÊVEURS, VOUS DEVIENDREZ ÉVEILLEURS.
VOUS DEVEZ ARRIVER À CE POINT
QUE QUICONQUE VOUS REGARDE – S'ÉVEILLE. »
(p. 76)

Ce matin chacun a travaillé sur *Morgen* de son côté. Du même coup, mon livre est rejeté aux oubliettes. D'ailleurs cela m'arrange; malgré les avis élogieux de Gitta et Patricia, j'ai le pressentiment que cela pourrait être beaucoup mieux. Quelle aubaine! *Morgen* m'éduque, en même temps qu'il m'évite une crise avec mes propres mots.

Mais aujourd'hui ce qui me préoccupe, c'est le retour de cet étrange rêve, qui revient sans cesse et qui s'inspire de ma première rencontre avec mon Ange.

J'ai besoin de Gitta pour y voir plus clair.

Aussi ai-je traversé notre petite cour et me suis-je retrouvé assis en face d'elle.

Pour la bonne compréhension du Jeu divin de cette journée, il me faut revenir à cet instant, il y a presque dix ans, instant si profond qu'il marque encore régulièrement mes nuits.

Ce soir-là, j'étais devant un feu de bois avec quelques amis. La discussion allait bon train. Une extinction de voix, en m'empêchant de parler, m'imposait un certain recul par rapport à la soirée.

Brusquement je fus saisi par le peu de foi de l'assemblée. Allez savoir pourquoi, une étrange conviction vint s'emparer de moi : « Tu dois faire quelque chose de surprenant pour les réveiller. » Ma stupeur fut si grande que, très vite, cette pensée m'apparut ridicule, et j'eus presque honte d'une telle prétention secrète.

Devant ma passivité, une voix de tonnerre s'est soudain mise à hurler en moi : « DEMANDE! DEMANDE MAINTENANT! »

J'étais si perplexe que je suis resté un long moment immobile, guettant de toute la force de mes sens ce qui pouvait bien m'arriver. D'un côté, j'en étais sûr, ce « Demande! » concernait la situation de la soirée : vivre un acte réveillant la foi des autres. Et un certain sacré tenait mon âme en respect. Mais de l'autre, ma petite personne se débattait contre l'apparente hystérie d'une telle envie.

Peut-être à cause de mon silence persistant, la voix profonde insista alors : « DEMANDE! TU PEUX *TOUT* DEMANDER! »

C'est l'insistance dans le « TOUT » qui fut une véritable déflagration. Il y avait dans ce « TOUT » tellement tout que je fus soudain envahi par la certitude que tout était possible à cet instant-là.

Simultanément, je fus submergé par une immense peur, une peur inconnue et sans raison : la peur de Dieu. Cette peur fut si grande que je n'osais plus bouger, même pas d'une pensée, terrorisé à l'idée qu'une demande m'échappe.

Mille choses traversèrent cependant mon esprit, comme si mon humanité se battait avec sa propre condition. Et je ne pus retrouver la paix intérieurement qu'en formulant secrètement une prière : « Rends-moi ma voix, que je puisse au moins leur parler. »

Personne ne le sut jamais, mais sur-le-champ mon vœu fut exaucé et les mots qui coulèrent de ma bouche, ce soir-là, ne furent pas complètement les miens.

Quand tout fut fini, j'eus le sentiment d'un immense regard plein de tendresse posé sur moi. Comme s'il m'était dit : « Regarde! Mesure combien ta foi est petite, pour avoir demandé si peu alors que tu pouvais TOUT demander! »

Depuis lors, certaines nuits j'entends à nouveau le : « TU PEUX *TOUT* DEMANDER! » Seules changent les circonstances nouvelles que mes rêves « inventent », et qui faisaient dire à Gitta :

« Mon vieux, à chacune de tes petites naissances, ton rêve reviendra. C'est seulement ton Ange qui dit : "Coucou, je suis là! " »

Mais quelle était donc la naissance qui me guettait? Pour quelle raison mon rêve était-il revenu à ce moment précis?

Et puis quel rêve, jugez-en! Ma mère mourait, et dans une salle de jeu enfumée et bruyante, c'était devant un billard que j'entendis le fameux : « Tu peux TOUT demander! » Alors, mettant mes mains en porte-voix, je me suis écrié : « Qu'elle revive aux yeux de tous! » et j'ai continué à jouer.

Depuis lors Gitta est morte, ma petite maman du ciel, mais ne suis-je pas en train d'essayer de la faire « revivre aux yeux de tous » par cet ouvrage?

Attendez, ce n'est pas fini : ma petite maman de la terre est aussi tombée quelques jours dans le coma.

Et depuis ne revit-elle pas aux yeux de tous, aux

yeux de sa famille surtout qui n'avait pas toujours su la remarquer?

Étrange synchronisme quand même!

Mais revenons à notre mardi où notre discussion contenait déjà tout : douze jours plus tard Gitta, en partant, m'obligerait à naître en restant.

« Tu attends trop de mes observations. Tu es né, mon vieux. Tu es devenu toi-même. Le temps où l'on reçoit des observations de n'importe qui est révolu pour toi.

– Mais je peux quand même bien te demander ton avis!

– Oui, mais moi, je ne dois pas répondre si je prends la place de ton Ange. Sois libre et indépendant!

Moi je peux disparaître, mais pas ton Ange. Tu comprends, c'est plus pratique avec lui.

– Quand même, quel rêve! Tu te rends compte que nos demandes peuvent agir sur la vie et la mort des autres. Moi, c'est ce que je retiens. C'est parce que nous n'osons pas y croire que nous ne le vérifions jamais.

– Lorsque tu es en face de l'Ange, sache-le.

Ils sont derrière les écluses des nouveaux courants de la vie. Et ils attendent... Ils attendent qu'on leur demande le geste de les ouvrir. Mais personne ne demande.

– Oui, mais dis donc, ce n'est pas aussi simple que cela de se retrouver devant un miracle possible. Quelle épreuve, quelle mesure soudaine pour notre toute petite foi! Il me semble que le problème des miracles, ce n'est pas d'en faire, mais d'y croire!

– Mon coucoulou, en face de l'Ange, l'impossible devient possible naturellement car leur pouvoir de donner est sans limites.

C'est du naturel dont nous avons peur.

C'est pourquoi beaucoup préfèrent les transes maladives et s'égarer dans le surnaturel.

C'est na-tu-rel, tout ça. Il faut seulement l'audace de demander.

– De demander l'impossible. C'est ça surtout l'audace!

– Les Anges sont comme une femme enceinte des miracles de la vie. Elle ne peut pas accoucher si personne ne demande ces miracles. Les Anges souffrent, c'est leur plus grande souffrance, de ne pas pouvoir TOUT donner. Les pauvres, ils attendent la demande de " l'impossible ".

Tu es le porte-parole de la création.

Tu ignores ta royauté humaine.

Pourquoi ne demandes-tu pas TOUT?

A cause de l'humilité du ver de terre,

de ta modestie fatale.

Demande!

Il n'y a qu'à demander.

En face de l'Ange, tu as le sentiment de pouvoir marcher sur les eaux. Eh bien! désolée, c'est vrai, c'est possible.

Et si tu demandes : " Que tous les autres marchent sur les eaux ",

TU T'APPROCHES ALORS DE LA VRAIE MESURE DU " DONNER " DE L'ANGE.

En face de l'Ange, tu n'es pas fleur : TU ES PRINTEMPS.

C'est la seule mesure que l'Ange attend de toi.

Et c'est dans ta demande impossible qu'il te reconnaîtra. »

Bon, c'est vrai, cela donne un tout autre point de vue sur les miracles. Un point de vue naturel, enfin accessible à tous. Il me fallait digérer tout cela, même si notre discussion me donnait soudain l'impression de respirer plus grand.

Vers quinze heures, la traditionnelle cérémonie du café tourna entièrement autour de la traduction de *Morgen*. Patricia avait fait un travail de Titan dont Gitta ne cessait de louer la justesse.

Vers la fin de notre réunion, elle me fit un petit signe pour que je reste encore un peu.

Patricia étant repartie vers ses occupations, Gitta alla chercher le bloc-notes jaune au chevet de son lit, sur lequel elle notait tous ses rêves :

« C'est un rêve que j'ai fait le 25 mars 1982, un an avant de te rencontrer et seulement deux semaines après le décès de Laci (son mari). Écoute ce que j'ai noté.

" Rêve insistant : un jeune homme devrait arriver ce soir. Je sais qu'il est le II et le V. Il vient pour me demander en mariage, pour me compléter. N'est-il pas trop tard? Je suis dans un beau manteau de fourrure, très royale. "

Impossible de savoir que nous allions nous rencontrer. Et pourtant! Mesure comme mon rêve dit tout! Eh bien, le tien aussi dit déjà TOUT. »

Avait-elle compris par mon rêve sa mort prochaine? Cherchait-elle à m'en avertir avec délicatesse?

Toujours est-il que ce jour-là je n'ai pas fait de rapprochement, trop heureux d'avoir été ce jeune homme arrivant au soir de sa vie. Non, il n'était pas trop tard, nous avions vécu tant de choses ensemble qui défilèrent alors dans mon esprit.

Mais déjà, Gitta cherchait une autre page :

« Ah, voilà! Écoute celui-ci du 8 décembre 1986, deux ans avant mon accident qui me propulsa chez toi :

" Je vois dans une ville des volets neufs, beige foncé avec des lettres rouges : des citations des *Dialogues* sur une maison. C'est une maison à plusieurs étages, immense. Je ne vois que des femmes, mais tous y sont dans le même but. J'entends d'une salle de conférences des applaudissements. Je sais que je devrais y aller aussi, mais je ne trouve de robe nulle part... Je vais devoir chanter, mais je ne me rappelle aucune chanson ". »

Je suis stupéfait d'une telle précision. Cette grande maison où notre association se réunit souvent. Cette grande maison où depuis lors Gitta est venue vivre et « chanter ».

Mais pourquoi donc me lit-elle tous ces rêves? Elle semble chercher une autre page.

« Les rêves disent TOUT. Tiens, écoute ces deux petits rêves très récents :

" Je perds tout, même mes chaussures tombent de mes pieds ",

et le lendemain :

" Je perds de nouveau mes robes, toutes mes affaires. Mais je retrouve le sac avec mes papiers d'identité. " »

Aujourd'hui, je me demande comment j'ai pu faire pour ne pas entendre ce qu'elle voulait me faire comprendre : « Ne me pose plus de questions, pose-les à ton Ange. Tu sais, je vais partir. Tu sais, je vais mourir. »

Pourtant, je m'en souviens très bien, je fus surpris par un degré de chaleur inhabituelle :

« Allez, mon vieil ours, on s'est quand même bien amusés tous les deux. »

Et moi qui, en m'éloignant, lui ai répondu : « Et c'est pas fini! »

Décidément, je n'avais rien compris.

Mercredi 13 mai

Mais d'où sait-on que l'on va mourir?

« Que la Co-naissance s'ouvre en vous!
La Co-naissance n'est pas le savoir,
la Co-naissance est Lumière
qui est, qui agit – qui donne. »
(p. 322)

Ce matin, il pleut. Gitta est heureuse. Plic, plic, plic, comme elle disait en regardant les gouttes tomber, c'est la gentille musique de la pluie et la terre boit à sa soif.

D'ailleurs, c'est devenu une coutume à Tartaras : nous avons convenu d'appeler « beau temps » les jours de pluie, et « mauvais temps » les jours de soleil écrasant que nous détestons tous les deux.

Jamais je n'ai rencontré quelqu'un d'aussi sincèrement lié à la terre. C'en était presque charnel, comme si les végétaux devenaient le prolongement de son propre corps. Devant la sécheresse et la pollution, elle souffrait tant, parfois à la limite du normal, que la pluie venue constituait pour elle un réel soulagement. La pluie qui lave, la pluie qui désaltère, c'était sa joie, une joie si sincère que par contagion il devint impossible de redouter les ciels gris.

Ce matin, une montagne de travail nous attend Patricia et moi. Du courrier en retard, la préparation d'un stage, deux articles de presse à rédiger, de quoi nous occuper toute la journée.

Un petit coucou à Gitta par la fenêtre. De l'autre

côté de la cour, elle s'écrie, sur le pas de sa porte : « Plic, plic, plic, mes chéris, aujourd'hui il fait beau! »

Et puis chacun se mit au travail; Gitta retournant à la traduction de *Morgen*.

Plusieurs fois dans la matinée, mes pensées flottèrent malgré moi vers les événements de la veille. Mais pourquoi donc m'a-t-elle dit tout cela hier? Pourquoi m'a-t-elle confié ses rêves? Craignait-elle que je ne mesure pas jusqu'à quel point nous sommes liés?

Non, c'est impossible.

C'est vrai, ce matin-là mon esprit est intrigué. Quelque chose d'anormal le tient en alerte sans que je puisse l'identifier. D'ailleurs, je suis si sourd que je ne comprendrai pas plus l'étonnante scène qui allait suivre.

Vers midi, afin de faire une pause, je suis allé rejoindre Gitta. Elle était assise dans sa cuisine et mangeait tranquillement un plat de pâtes.

« Tu sais mon vieux, je vais envoyer une lettre à Christine V.R. : je ne pourrai pas la recevoir jeudi de la semaine prochaine.

– Qu'est-ce que tu racontes? Pourquoi tu ne pourras pas la recevoir? »

J'étais franchement étonné.

« Parce que je suis vraiment fatiguée. Mais toi, il faut absolument que tu la rencontres à ma place. Je le sens, cette fille, elle est dans ton Scénario. Pour tes groupes en Belgique, elle, elle pourra t'aider. »

Je fus intrigué par son « vraiment fatiguée ». Mais comme rien au-dehors ne me permettait de la croire sur parole, j'ai pris le parti d'en rire :

« Alors là, Gitta, tu es en plein romantisme. Ce n'est pas moi qu'elle vient voir, c'est toi.

– Eh bien non, mon vieux. Je crois que cette fois-ci, c'est toi qui es en plein romantisme... un romantisme aveugle!

Je le sais, dans huit jours, je ne pourrai pas recevoir Christine V.R. »

Je n'en croyais pas mes oreilles : elle était sérieuse.

Une fois encore tu avais raison, et c'était bien mon romantisme amoureux qui m'empêchait de croire ce que tes mots disaient clairement.

Huit jours plus tard, ton corps n'en pouvait déjà plus.

Huit jours plus tard, nous avions tant de choses à vivre ensemble, tant d'ultimes confidences que plus personne n'aurait pu venir troubler notre aventure.

Mais d'où sait-on que l'on va mourir?

C'est bien d'une autre mort dont il s'agit, quand on l'attend ainsi. Non seulement tu n'avais pas peur, mais en plus je te trouvais encore plus belle, plus puissante que d'habitude. Comment voulais-tu que je comprenne?

En me tournant vers elle, je vis dans ses yeux ce que depuis quelques jours j'aimais le plus : un immense calme, une immense dignité. Elle ne plaisantait pas le moins du monde. Mais alors?

« Est-ce que tu as mal quelque part? m'inquiétais-je?

– Je suis vieille. C'est tout. »

Et puis elle me fit parler d'autre chose, comme si

de rien n'était. Et en relisant mon journal de ce jour-là, on y trouve :

« Repas avec Gitta. Étrangement, elle ne veut plus voir personne. Discussion passionnante sur l'art, ce culte de la Beauté qui aujourd'hui s'est égaré. Dommage, je n'ai pas enregistré. Pourquoi Gitta dit-elle que les vieillards sont laids? Je la trouve si belle en ce moment. Il faudra la provoquer sur ce sujet. »

Décidément, mon journal était bien à l'image de mes yeux et de mes oreilles : une ligne sur l'essentiel, et cinq lignes sur nos babillages humains; une ligne sur le cœur, et cinq lignes sur ce qui nourrit le cerveau.

Mais d'où sait-on, à ce point, que l'on va mourir?

Jeudi 14 mai

Jouer sa vie pour gagner l'éternité

« TU AS BIEN CHOISI...
TU AS DONNÉ L'ÉPHÉMÈRE EN ÉCHANGE DE L'ÉTERNEL
ET CELUI QUI DONNE REÇOIT...

NE CRAINS PAS LA MORT, ELLE N'EXISTE PAS.
SI TU AGIS AVEC MOI, TU IGNORES LA MORT...
LA CERTITUDE DE LA MORT EST LE STIMULANT DES FAIBLES. »

(p. 149)

GITTA est fatiguée aujourd'hui. Son nouveau traitement, censé lui redonner un coup de fouet, n'est pas très efficace. Depuis vingt ans, elle se soigne pour son cœur. Mais les médicaments qu'elle prend depuis peu ont de pénibles effets secondaires : nausée, diarrhée.

Patricia, ces derniers temps, redouble d'attentions à son égard. Son tempérament de « mamma » italienne peut s'en donner à cœur joie. Ainsi, deux à trois fois par jour, elle lui fait désormais des jus de fruits frais dans l'espoir de lui redonner du tonus; sans oublier les repas « spécial Gitta » avec tout ce qu'elle aime.

Souvent Gitta s'amuse à la taquiner quand elle surprend dans ses yeux le contentement de la bonne maman.

Ce matin, Gitta s'est réveillée à onze heures. Quelle nature quand même! Elle dort encore comme un bébé. Quand on pense à tous ceux qui à cet âge ont des problèmes de sommeil! Malgré une petite nausée persistante, elle reste enjouée. D'ailleurs jamais, en dix ans, je ne l'ai vue de mauvaise humeur, pas même sur son lit d'hôpital lors de son accident. Non. Elle est parfois tiède, parfois brûlante au gré de sa consommation de lumière, mais garde toujours un sourire égal et un plaisir de vivre intact.

« Coucou! Est-ce que tu as bien dormi? »

Comme tous les matins, elle est en train de boire son litre de thé. Nous bavardons ensuite sur les petites misères des uns, et les petites victoires intérieures des autres. Il y a tant de membres de notre association qu'elle suit avec tendresse sans même qu'ils le sachent. Elle est curieuse, si curieuse de savoir comment la vie va s'y prendre pour réveiller chacun. Parfois, un commentaire fuse, juste quelques mots bien ciblés, qui inspireront d'ailleurs mes prochains conseils.

Puis notre discussion s'oriente vers la sécheresse, cette terrible sécheresse qui dure depuis deux ou trois ans. Pour Gitta, si liée à la terre, c'est un vrai problème.

« Tu sais, les pluies de cette année ne sont pas encore assez abondantes pour reconstituer les nappes phréatiques. La terre souffre.

– Ah ça, il y avait longtemps que tu ne m'en avais pas parlé! Dis donc, à part les trois jours où la télévision est venue te filmer, il a plu tout le temps!

– Oui, mais Éliane (notre voisine agricultrice) m'a dit que ce n'était pas encore suffisant.

– Tu dis que moi je suis excessif, mais toi sur ce sujet tu me parais très vulnérable... à la limite de l'obsession!

– Je revendique le droit d'être imparfaite », me lança-t-elle d'un ton coquin.

Elle me servit du thé alors que je n'en voulais pas. Elle me fit une tartine alors que je n'en voulais pas. Non, ce qu'elle voulait, elle, c'était me fixer ici, faire durer notre tendre connivence.

Instantanément, je l'ai compris, et de bonne grâce je me suis installé. Alors que dehors il pleuvait, ingénument je lui ai demandé, le nez plongé dans mon bol :

« Dis donc, est-ce que tu veux que j'arrose tes géraniums ce matin?

– Tu es un salaud, mon vieux. Mais on rigole bien. Tu sais, avec la pluie et la sécheresse de la terre, je ne suis pas normale. Tu te rappelles l'an dernier, ma souffrance!

– Oui, d'ailleurs je ne comprends pas comment avec une telle souffrance on peut demander de l'aide à son Ange?

– Tu as raison, mon ours. La demande qui jaillit de la peur, c'est la maternelle des demandes : parce que l'on demande pour nous. Ma peur, même pour la terre, annule les forces de ma demande car c'est pour soulager cette peur et non pour soulager la terre que je demande.

La vraie demande, c'est la joie de la dignité humaine. Si je demande au-delà de la peur, je deviens co-créateur et c'est ma Tâche : ÊTRE SON CORPS. »

Patricia arriva avec le rituel jus de fruits carotte-orange. Gitta le but d'une manière appliquée, forçant sur les mimiques de la gentille petite mamie.

« Regarde! Regarde comme elle est fière de sa progéniture! Coucoulou moucoulou! Tu es une adorable maman. »

Il faut vous dire que coucoulou suivi d'une succession plus ou moins longue de syllabes en « ou » était son mot d'amour préféré.

C'est vers seize heures, ce jour-là, que je suis retourné seul à la cafétéria, comme disait Gitta en parlant de sa maison. Patricia préparait sa conférence du lendemain.

« Tu sais, aujourd'hui je suis passionnée par la simultanéité des événements. J'ai le goût de notre équipe, toi, moi et Patricia où chacun vibre au même diapason, mais à sa façon.

– Mon problème, depuis cinq mois, c'est de donner Art'As sans l'abandonner. Laisser ma place, pour que ce vide en amène d'autres à la prendre. Laisser ma place, parce que seulement alors il m'en sera offert une nouvelle. Ce n'est pas simple de laisser sa vie même, tout ce que l'on a créé.

– C'est précisément de cela dont je voulais te parler : laisser sa vie même, par l'acte fait à temps.

– Ah bon! Ne me dis pas que je suis encore trop dans Art'As! A part un dimanche par mois avec les nouveaux membres, et bien sûr mon suivi avec les plus anciens, j'ai pris du recul par rapport à tout le reste.

– Oui, au-dehors, mais pas encore au-dedans de toi-même.

Es-tu indépendant d'Art'As même dans tes soucis?

As-tu suffisamment pris de recul pour que tes pensées soient libres, tournées vers ta nouvelle création, au lieu de te soucier de l'ancienne œuvre? »

Oh, bon sang, je le sentais venir! Elle allait encore me mettre sous le nez un portrait désagréable de moi-même. Depuis des mois, elle me poussait à m'effacer, pour ne pas « finir gourou », comme elle disait. A ses yeux, c'était l'heure de donner tout ce que j'avais créé depuis dix ans. Épreuve nécessaire de détachement. Mais aussi, gigantesque Jeu! Car elle précisait sans cesse : « Seul celui qui donne TOUT recevra encore plus grand en échange. »

Il fallait tout mon amour pour elle pour y croire, pour la suivre. Cette sorte de confiance absolue qui me faisait pressentir qu'elle s'occupait de ma propre Beauté.

« Tu sais, c'est dur pour moi. C'est mon enfant, Art'As, et je frémis chaque fois qu'on le défigure un peu ou qu'on l'égratigne. Si tu savais comme cela m'est difficile de me taire parfois devant une bêtise et de les laisser faire leurs expériences.

– Écoute ! Cet après-midi en feuilletant les *Dialogues*, je suis tombée sur une petite phrase qui nous concerne tous les deux :

QUI AGIT À TEMPS IGNORE LA MORT. (p. 52)

Et je me suis demandé si j'avais déjà vécu cette phrase. »

Mais où voulait-elle en venir? Était-ce encore un de ces patients détours pédagogiques que je n'apercevrais jamais?

« Il m'est revenu un très vieux souvenir du début des *Dialogues* : la fois où je me préparais à un entretien du vendredi, et que soudain je me suis mise à douter de la venue de l'Ange : " Et s'il ne venait pas... et s'il ne venait plus! " Bientôt, ce souci était devenu un vrai marteau-pilon dans ma tête. Il m'écrasait complètement. Jusqu'au moment où une autre pensée s'imposa brusquement : " Je dois me détacher de mon Ange aussi, me détacher de ma vie même..., prendre du recul ". Alors intérieurement, j'ai soudain dit : " Que TA volonté soit faite! "

Tu comprends! C'était l'acte fait à temps : le recul intérieur, laissant filer le souci des anciens entretiens pour que vienne la possibilité d'un Nouveau. Que SA volonté soit faite pour ton Art'As, alors viendra le nouvel Art'As.

– O.K., O.K., je comprends. Me détacher d'Art'As jusque dans les soucis, c'est me détacher de ma vie même, comme toi avec ton Ange. Vu!

– Oui, mais attention, à cet instant-là ce fut un revirement total. Car la fin du souci, c'est le début du Nouveau et l'Ange a dit :

MAINTENANT, TU PEUX DEMANDER. (p. 33)

Au même instant la vraie vie avec mon Ange recommençait.

IL NE NOUS EST DONNÉ EN VÉRITÉ
QUE CE QUE NOUS AVONS LÂCHÉ EN VÉRITÉ.

– Mais je ne vois pas le rapport avec toi? Ah si, toi tu dois lâcher le souci des anciens *Dialogues* de Budaliget, pour ouvrir la possibilité de tes *Dialogues* de Tartaras. C'est ça?

– Oui, peut-être et plus encore. Quand le vieillard doit apprendre à se détacher de sa vie même, de celle de son corps, ne doit-il pas lâcher des vérités, pour recevoir des vérités encore plus grandes?

Mon vieux, nous vivons la même épreuve : le souci de l'ancienne œuvre, ou la faim de la nouvelle création. Nous avons le choix, toi avec Art'As, moi avec mon corps. »

En revivant cet instant, je mesure combien elle parlait sans cesse de sa mort prochaine, aussi actuelle que mes problèmes du moment. Combien elle était déjà à une hauteur de vie où la mort ne pouvait plus la prendre par surprise. Ma petite Gitta, tu semais déjà en secret les graines me préparant à ton départ, me détachant de ta présence physique, pour qu'une nouvelle présence s'impose.

« L'acte fait à temps attire l'éternité à être présente dans le temps. Alors l'Ange peut être présent dans le temps, grâce à moi. Et je peux être présente dans l'éternité, grâce à mon Ange, dans cette vie avec Lui qui IGNORE LA MORT. »

Et c'est vrai qu'elle ignora la mort de son corps. Je l'ai vu, de mes yeux vu. Tous ses mots, tout son être furent tournés vers sa nouvelle vie avec l'Ange, et non pas vers le souci de sa vieille vie qu'elle perdait.

« Tu vis la même épreuve à ta façon. C'est ça le synchronisme du Grand Scénario.

CELUI QUI NE JOUE PAS SA VIE,

NE POURRA JAMAIS GAGNER L'ÉTERNITÉ.

Joue toujours ta vie! Le reste ce n'est que tiédeur. »

Pour la première fois je sentis que sa mort était possible. Oh! bien sûr seulement en théorie. Il n'était pas question d'envisager sa fin prochaine.

Quand même, que de bouleversements en perspective! Que de détachements nécessaires : avec Art'As, avec sa mort, avec mon Ange! L'ordre des choses m'imposa soudain un profond respect.

Pendant quelques instants, mon regard sur Gitta fut changé. Il me sembla que le temps dorénavant nous était compté. Et je ne croyais pas si bien dire.

Alors ses moindres gestes, la qualité d'un silence, ou la force d'un mot, tout devint précieux. Ce fut comme si je découvrais encore plus profondément combien Gitta m'était chère. Un immense amour me submergea pour sa présence si attentive à mes côtés depuis tant d'années.

Un immense amour, disais-je, que l'ours traduisit maladroitement :

« Tu sais, ma Gitta, tu es vraiment contagieuse. En arrivant je me faisais du souci pour toi. Et c'est toi-même qui as balayé mon souci en me montrant ta victoire sur les tiens!

– Celui qui vit en vérité avec son Ange est toujours contagieux. Toi aussi tu es contagieux; deux cents t'écoutent déjà, mais dix mille t'attendent encore.

La présence corporelle de celui qui vit avec son Ange est puissamment agissante, car davantage matérialisée. C'est pour cette contagion que j'ai été catapultée chez toi après mon accident de voiture. Je commence à voir combien chaque détail du Grand Scénario est bien calculé... Aucune perte d'énergie. Cela passe de moi à toi, et de toi aux autres. Car je n'ai plus la force d'aller vers les autres. »

Voilà de quoi nous étions capables comme déclarations d'amour! Que voulez-vous, nous étions trop pudiques pour que cela se fasse au grand jour.

Deux ours maladroits, tournant autour du pot, voilà à quoi nous ressemblions. Mais l'amour était bien là, au milieu; cette chaleur si brûlante, au point que je me demande si j'ai vraiment aimé un jour.

« Eh oui, mon vieux! La contagion du lâcher prise semble consteller nos ciels en ce moment. Maintenant c'est l'heure de la délivrance pour toi et moi.

Et avec elle, vient la grande épreuve : TU DOIS COUPER LE CORDON TOI-MÊME! »

Elle précisa encore :

« Le moment de la séparation est décisif, tu sais. Car la naissance peut devenir mortelle.

Si tu ne te recules pas, tu étoufferas et tout étouffera autour de toi. D'immenses énergies se libèrent lors de la délivrance. Alors on est prêt pour une autre tâche créatrice. »

Couper le cordon ombilical moi-même, pour que de nouvelles énergies apparaissent, voilà bien ce que le futur me réservait.

Aujourd'hui que tout change autour de moi, je suis bien obligé de constater que d'immenses énergies sont déjà à l'œuvre, balayant tout sur leur chemin pour que le Nouveau naisse.

Décidément, c'est seulement en jouant sa vie que l'on a une chance de gagner l'éternité.

Vendredi 15 mai

« La terre agonise en moi »

« ARRACHEZ VOS YEUX, COUPEZ VOS MAINS!
A QUOI SONT-ILS BONS, SI À TRAVERS EUX
IL NE PEUT PAS AGIR!
MATIÈRE QUI PÉRIT!...
LA COLÈRE DIVINE S'ABAT. »

(p. 328)

En fait, chacune de nos discussions stimulait Gitta dans sa propre réflexion. Au point d'ailleurs qu'il n'était pas rare que, le lendemain, les idées de la veille deviennent un article pour ses prochains livres.

Ce matin-là, ce ne fut pas un article qui m'attendait, mais une lettre personnelle écrite pendant la nuit. Notre discussion de la veille à propos de sa souffrance pour la terre avait laissé des traces.

L'en-tête me fit sourire : « Pour l'ours aux grandes oreilles. »

Tandis qu'elle buvait son thé tranquillement, je me suis donc installé à sa table de travail pour déguster ses lignes :

« Depuis les années soixante, un bruit de fond gronde en moi :

LA TERRE EST EN DANGER!
Je pressens le désastre
et c'est une solitude inhumaine.
LA TERRE EST MOURANTE.
LA TERRE AGONISE EN MOI.
Je regarde impuissante son meurtre systématique.
Même notre bon soleil devient menaçant.

Va-t-il détruire les destructeurs de la terre?

Si je dis : Ma souffrance est " inhumaine et démesurée ", ce sont des mots pathétiques que je déteste.

Pourtant, ils sont gentillets comparés à mon vécu.

J'ai de plus en plus un pied dans la terre. Mais je connais aussi une autre mesure.

Là, où le son UN s'est séparé en DEUX, pour pouvoir s'aimer.

Là, où est né le dialogue entre mon âme et son Ange.

Et c'est le dialogue le plus amoureux qui soit, si beau que mon cœur, à tout instant, risque d'en éclater.

Quel mystère d'être née : humaine.

D'un côté je suis tellement avec la terre...

Déjà presque en terre.

Et de l'autre je chante avec LUI...

Déjà presque au ciel.

Où sont mes mesures? »

« Vois-tu, ajouta Gitta, pour chacun l'épreuve est différente. La terre qui se meurt, et que j'endure, c'est mon abîme. Pour toi, c'est autre chose : c'est l'homme qui se meurt qui est le tien; chacun sa tâche. »

Se peut-il que voir en face la vérité de sa propre mort nous conduise tout naturellement à voir en face la vérité de la mort de la terre?

Se peut-il que seule une mort vraiment Humaine, comme ce fut le cas, restaure une telle fusion avec notre terre mère?

Ce jour-là, tu allais me montrer jusqu'où tu étais liée à notre planète.

En arrivant vers dix-neuf heures, je n'ai rien remarqué de particulier. Si ce n'est une caricature posée sur la table, pour me faire comprendre ce que les mots ne disent pas toujours. Elle représentait un petit ours en train d'observer l'humanité, assis sur une étoile. Puis, sur un second dessin, les oreilles du petit ours devenaient très grandes; si grandes d'ailleurs que dans un troisième dessin elles se transformaient en ailes. Pas besoin d'explications, l'ours c'était moi, bien sûr. Et je me sentais d'humeur enjouée : que Gitta puisse passer encore du temps à s'amuser ainsi m'avait rassuré sur sa bonne santé intacte.

Ce soir-là, Patricia, retenue à sa conférence, n'était pas avec nous.

« Bon, aujourd'hui on mange en amoureux, ma Gitta. Rassure-toi, Patricia a tout préparé! »

Allusion non dissimulée à mon incapacité de faire la cuisine; ce qui d'ailleurs était vrai aussi pour Gitta. Soudain ce fut la douche froide, lorsque le plus naturellement du monde elle me répondit :

« Tu sais, je n'ai plus la force de traverser la cour. J'ai essayé cet après-midi, mais je n'ai pu aller que jusqu'au bout de mon jardin. Impossible d'aller plus loin. Mon pauvre cœur battait comme un fou. »

Un long moment, je suis resté perplexe, l'observant en silence. Rien dans son apparence extérieure ne laissait transparaître une telle fatigue, une telle usure. Et puis, il n'y avait ni inquiétude ni peur dans sa voix. Comment vouliez-vous que j'y croie? Ma Gitta, je l'avoue, ce fut pire encore : j'ai même douté de toi.

C'est vrai, quoi! On a pris l'habitude d'associer les deux : la forme physique et l'état psychique. Eh bien, je n'étais pas au bout de mes surprises, car plus tu allais perdre ton corps, plus ton esprit allait être en paix.

Comment voulais-tu que je sache que c'était possible, puisque avant toi personne ne m'avait montré ce vécu?

Bref, dans ces situations-là, on n'est pas tout de suite intelligent. Alors on dit bêtement : « Mais, comment ça? » Et l'on répète même : « Mais comment ça, tu ne peux plus traverser... Veux-tu que j'apporte le repas ici? Bon, bouge pas, je reviens. »

Pauvre petit bonhomme essayant de retrouver ses marques, essayant de se convaincre que ce n'était qu'un cauchemar. D'ailleurs, devant ma mine soucieuse, elle crut bon d'ajouter :

« Et ce n'est pas la peine d'appeler un médecin. Je ne veux voir personne. Je ne veux pas d'examens à n'en plus finir. »

En traversant la cour, un vent de panique souffla dans mon esprit. Pour en arriver là, il fallait que ce soit grave. Mais non, mon vieux, elle doit en rajouter un peu! Pourtant ce n'est pas son genre de se ménager ainsi. Allons, allons, calme-toi, tu vois bien qu'elle ne va pas si mal! C'est juste un coup de fatigue, en réajustant son traitement tout rentrera dans l'ordre.

Ainsi, contre son avis, ai-je téléphoné au docteur. D'accord, on changerait les doses, et dès le lendemain j'irais chercher un nouveau médicament. Comme il n'avait pas l'air très inquiet, en raccrochant j'étais plus tranquille.

Nous nous sommes ensuite installés sur la terrasse tous les deux, et nous avons dîné côte à côte face au soleil couchant. Sans trop de mal, j'ai pu annoncer quelques modifications pour son traitement. Et je me suis rassuré en la rassurant.

Ce soir-là, notre discussion n'atteignit pas de hautes cimes spirituelles.

Gitta avait remarqué chez moi une certaine fatigue physique depuis quelque temps :

« Jadis la " garde-malade " du fils de chair, c'était ta maman, me glissa-t-elle.

Maintenant le " garde du corps " du fils de lumière, c'est moi.

La matière est sacrée, le corps est sacré. Apprends à le reposer pour mieux créer.

Ménager l'outil, c'est aussi spirituel que le reste. »

Puis elle laissa passer quelques instants. C'était bien vrai, cette subtile respiration : action-repos-action-repos. Et l'un n'allait pas sans l'autre, comme l'inspiration et l'expiration. Et puis quelle jolie formule : Gitta, mon garde du corps! Cela me fit sourire.

Elle ajouta encore :

« Tu sais, toi aussi il faudra que tu sois mon garde du corps, le jour où je mourrai. Je ne veux pas d'examens comme ils ont fait avec Laci (son mari). Je ne veux pas d'hôpital : ils prennent la vie avant la mort. Tu seras mon garde du corps, toi aussi?

– Je te le promets, le moment venu, tu auras la mort que tu voudras même si je dois me mettre tout le monde à dos. »

J'étais très loin de deviner l'actualité de ma promesse, et les épreuves dans lesquelles elle allait m'entraîner.

J'étais très loin d'avoir compris jusqu'à quel point la terre agonisait vraiment en elle.

Samedi 16 mai

« J'ai tout fini »

« Apporte-moi le premier fruit de ton travail –
Je l'apporterai chez LUI.
Ainsi, tu recevras SA bénédiction
pour une nouvelle semence...
Une nouvelle tâche. »

(p. 217)

LE 16 mai 1984 : c'était le jour de notre première conférence ensemble, et le début d'une merveilleuse aventure qui durera huit ans et des milliers de kilomètres à la rencontre des lecteurs des *Dialogues avec l'Ange*. Que de souvenirs et de fous rires il me reste!

Ainsi, tous les ans, ai-je pris l'habitude de fêter cette date comme un véritable anniversaire. D'ailleurs n'était-ce pas une nouvelle vie qui commençait pour moi à cette époque? C'est pourquoi, ce matin-là, je me suis installé à mon bureau avec l'intention d'écrire une lettre à Gitta :

« Ma Gitta, huit ans déjà!

Te souviens-tu de notre première conférence?

Que de chemin parcouru!

Depuis lors, en essayant de t'assurer une vie matérielle propice à ta tâche, j'ai l'impression moi aussi de servir ton Ange. Depuis lors, en te penchant sans cesse sur mon berceau, c'est toi aussi qui sers le mien.

Ah, si tu savais comme ce Grand Jeu me fait du bien!

Décidément, je suis un homme à femme, tant il m'est bon de savoir ta présence attentive qui rôde autour de moi.

Bien sûr, parfois, c'est un peu envahissant. Comment fait-on d'ailleurs pour se débarrasser de quelqu'un qui habite votre esprit? Ne vais-je pas finir par ne plus avoir besoin de toi vivante, si tu es toujours à mes trousses jusque dans mes moindres pensées?

Là-haut, dans mon olympe (ainsi surnommait-elle mon bureau installé dans le grenier), tes yeux sont si souvent par-dessus mon épaule que parfois ma main se crispe pour écrire certains mots.

Au fond, il suffit donc que je pense à toi pour que tu agisses. Il suffit que je sente ta vie pour être convié à la mienne.

Ma Gitta, tu as un vrai pouvoir : celui de me faire du bien, malgré toi. Et de me pousser vers la seule vie qui m'intéresse : jouer avec LUI. Au fond ta mort ne m'enlèvera presque plus rien, mais ne te presse pas.

Ma petite Gitta, ma petite maman du ciel, je vais te dire un secret. Je veux être comme toi et j'y arriverai : ta vieillesse, ton écriture, ton intensité, ton œil sur les choses de la vie, ton refus des gloires factices, je veux tout, tout, et tout... et même en mieux si je le peux, ne serait-ce que pour t'honorer.

Je t'embrasse très fort, très sincèrement pour tout ce que tu m'as déjà offert. Demain s'annonce radieux et je sais que pour une part je te le dois.

Vraiment avec toi. »

Bernard

J'ai mis la lettre dans sa boîte, et je suis parti faire des courses. Vers midi, en lui apportant son nouveau médicament, je l'ai trouvée à sa table, finissant de taper *Morgen* à la machine. Elle avait lu ma lettre, bien sûr. Et notre discussion s'orienta très vite vers la place de sa mort dans ma vie.

Patricia vint nous rejoindre et se mêla au débat.

« Ne crois-tu pas qu'il y a une relation entre le service sur terre et le service après la terre? Qu'est-ce qui pourrait nous séparer désormais? ai-je demandé, presque certain de sa réponse.

– La vie est UNE selon moi. Tout ce qui se JOUE sur terre n'est plus à endurer au ciel... alors on peut jouer à autre chose. Tu sais, le ciel, c'est sur terre qu'il commence.

– Moi, je crois que ta présence sera encore plus forte en moi quand tu seras morte. Mais que cela dépend aussi de la qualité de notre relation de ton vivant.

– Avec ma mort viendra l'heure de ton indépendance. Voilà surtout ce qui compte. Tu ne pourras plus te raccrocher nulle part, même pas à mon corps. C'est dépassé, tout ça.

– Oui, mais de là-haut, tu nous aideras! ajouta Patricia. Comment va-t-on faire pour te reconnaître, pour te distinguer de notre Ange? Et toutes les réponses que nous n'avons jamais eues, j'espère bien que tu vas nous les souffler!

– Oh, mais c'est très simple, moi je commencerai toutes mes phrases par : coucoulou moucoulou », répondit Gitta, qui déjà sur terre utilisait cette expression pour manifester sa tendresse.

Pendant plus de deux heures nous avons ainsi discuté de sa mort, de ses effets sur notre vie. Le ton était enjoué, parfois même plein d'humour, par exemple lorsqu'elle mima son retour au ciel comme Ulysse retrouvant sa terre. N'était-ce qu'une plaisanterie?

Pourtant Patricia et moi, nous étions inquiets : sa fatigue persistait. Tous deux nous la guettions en cachette pour essayer de deviner son état physique, ce qui d'ailleurs la faisait parfois sourire.

Le soir venu, comme la veille, nous avons dîné chez elle, mais cette fois-ci tous les trois. Elle nous confia qu'aujourd'hui, même au bout de son jardin, elle ne pouvait plus y aller. Avec un certain humour elle baptisa cette période : le temps de la diminution géographique, en ajoutant que moins elle pouvait bouger dans l'espace, plus elle pouvait écrire dans l'illimité, et que moins il lui restait de temps, plus ses mots venaient de l'éternité.

Au bout d'un certain temps, à l'écouter, la « diminution géographique » devenait un cadeau!

Un événement marqua le milieu du repas. Tout à coup, l'atmosphère devint solennelle et Gitta en profita pour nous confier :

« J'ai une grande nouvelle à vous annoncer, mes chéris!

J'AI TOUT FINI SUR TERRE.

TOUT EST EN ORDRE. »

Bon, c'est le genre de propos que l'on lit dans les livres, ailleurs ils font sourire. Eh bien là, pas du tout, l'instant était empreint de sacré. Bien sûr, nos cœurs refusaient d'y croire. Mais nous avons compris tout de suite ce qu'elle voulait dire.

Bon sang, quelle bonne femme! Vous annoncer ainsi qu'elle a tout rangé à sa place, comme une petite fille a mis de l'ordre dans sa chambre. Vous annoncer qu'elle a tout fini sur terre, du même ton que ceux qui sont contents d'avoir fini leur journée.

On n'a pas l'habitude de voir quelqu'un heureux d'avoir fait pour le mieux durant toute sa vie, heureux que ce soit fini et attendant la mort comme une récompense.

C'est vrai d'ailleurs, quel enfer pour notre Gitta, si elle avait dû rester encore sans rien avoir à créer!

Aujourd'hui, je vous le dis tout net, Gitta Mallasz n'est pas morte de maladie, mais parce qu'elle avait tout fini.

Dimanche 17 mai

Tous ces mensonges qui empoisonnent la terre

« Le mensonge se meurt, ses jours sont comptés.
C'est LUI qui a dit : assez!
La fin est le commencement.
Les démons deviennent de nouveau des anges.
Écoutez bien! tout cela, tout ce qui a été annoncé se passe en vous-même,
... En vous-même. »

(p. 296)

LA diminution géographique continue. Aujourd'hui Gitta ne peut plus aller d'une seule traite de sa cuisine à son bureau. Elle doit faire une pause au milieu, une pause sur le « fauteuil des haltes », comme elle l'appelle. Cependant son visage conserve toujours la même sérénité, comme si cet événement ne l'affectait pas outre mesure.

C'est très surprenant, vous savez, un corps épuisé accompagné d'un visage souriant. C'en est presque surnaturel. Au point que le cerveau doit choisir un camp pour ne pas devenir fou : le camp du sourire, ou le camp du corps.

Soudain, on se dit : « Mon Dieu, comme elle est fatiguée, comme elle est voûtée ! » Et le cerveau répond : « Mais non, pas du tout, regarde, elle sourit ! » Alors on se reprend : « Oh oui, c'est vrai, avec une tête comme ça, elle ne peut pas être bien malade ! » Et le cerveau répond encore : « Dis ! Est-ce que tu as bien vu son corps qui s'affaisse ? »

Ce matin-là, ce fut à peu près comme ça dans mon esprit.

Elle était assise sur une chaise quand je suis entré : la fameuse chaise des haltes, située à trois mètres du thé, et à deux mètres de son bureau vers lequel elle se dirigeait.

« Tu vois comme je suis gentille aujourd'hui avec mon vieil outil (ainsi parlait-elle toujours de son corps). Je le ménage!

– Mais... mais, tu es si fatiguée que ça! » me suis-je exclamé en la voyant prostrée de la sorte; surpris devant la rapidité de sa « diminution géographique ».

Pour la première fois j'ai pris peur. Brusquement, tous les événements de la semaine passée vinrent se mettre en place. Ce fut comme si tout s'éclairait : sa patiente préparation à sa mort, sa mise en ordre de mille et une choses, la fin de *Morgen*, et son étrange fatigue pour seule maladie.

Pour la première fois, j'y ai cru : « Et si elle mourait! »

Soudain, je perçus presque à quel point ce n'était pas un hasard, pour nos deux vies, que ce soit l'heure de sa mort.

Oh, bien sûr, on a beau le savoir, on ne veut pas encore que cela soit dit. Alors on tente quelques trucs de dernière minute dans l'espoir que l'on pourra infléchir l'ordre des choses.

Ainsi me suis-je précipité à mon bureau pour aller chercher les esquisses de sept petits ouvrages explicatifs concernant notre travail dans Art'As. Il fallait que je l'implique à tout prix dans un nouveau projet; que je lui fournisse la preuve qu'elle m'était nécessaire pour cette tâche; et que par conséquent elle n'avait pas tout fini sur terre.

A mes yeux, c'était la seule force qui pourrait la

retenir un temps. Car rien ni personne ne l'empêcherait de mourir, si son service était terminé.

Après une brève explication, lui présentant le projet que je mijotais depuis quelques jours, je lui ai demandé :

« Alors, qu'en penses-tu?

– C'est génial! En plus tu as dix ans de cassettes enregistrées, tes livres sont déjà tout écrits! Tu sais, c'est nécessaire pour ton Art'As, il faut insister sur le concret de votre travail. Aujourd'hui, tout le monde cherche de grandes expériences « spiritouelles »... C'est infantile!

– Est-ce que tu veux bien me faire les sept introductions, et les maquettes de couverture et me trouver les titres? ai-je repris, dans l'espoir de l'appâter.

– Je vais essayer », me répondit-elle, visiblement enthousiasmée par mon projet.

Alors, il me fallut lui expliquer le contenu de chaque livre : la logique de chacun et la logique de l'ensemble. Ce qui d'ailleurs lui offrit l'occasion de quelques digressions pour remettre les choses en place. Puis je l'ai laissée à son bureau, le dos redressé, les mains agiles comme si toute fatigue avait disparu.

« J'ai quelques idées! J'ai quelques idées! » lança-t-elle en me voyant partir.

En traversant la cour, je n'étais pas peu fier. Mon coup avait marché; elle était de nouveau vivante! A la maison pourtant, j'ai croisé Patricia toujours soucieuse pour Gitta, et l'inquiétude me gagna à nouveau.

« Tu sais, il faut faire quelque chose. On ne peut pas la laisser comme ça. Elle doit bien avoir une maladie?

– Oui, tu as raison. Cela ne suffit pas de remotiver

son esprit, il faut s'occuper de son corps aussi. Et si on téléphonait au docteur K.?

– Gitta ne va jamais vouloir la recevoir. Ça, c'est sûr!

– Je m'en charge. On lui téléphone d'abord, et ensuite on fait comme si elle venait nous voir. Et elle en profitera pour ausculter Gitta. »

Ce docteur K. était une éminente cardiologue de la région, ayant pour particularité de travailler avec des médecines douces. Et, par le plus grand des « hasards », j'avais fait sa connaissance, quelques jours plus tôt, chez un ami commun.

Rendez-vous fut pris pour l'après-midi. En plus, un dimanche, il n'y a que les amis qui viennent ces jours-là. Ma version serait encore plus plausible : une visite d'amitié se terminant par une auscultation.

J'ai retrouvé Gitta à sa nouvelle tâche, ciseaux à la main, en train de me fabriquer une maquette de couverture où seules les couleurs changeraient de livre en livre.

Tout naturellement la discussion s'orienta vers la beauté de certains scénarios. Comme cette arrivée inattendue de notre amie le docteur K., cardiologue par surcroît. Au fait, et si on en profitait pour faire une petite auscultation!

Gitta sursauta, bien sûr. Mais la « beauté du scénario » fut suffisamment convaincante pour qu'elle ne résiste pas à cette éventualité.

« Tu sais, me redit-elle, je ne veux pas des tuyaux partout, des examens à n'en plus finir. Laci est mort comme ça. Mourir, c'est comme le reste : c'est à temps que c'est juste. La médecine nous prolonge " sans vie " mais pas " en vie ", alors c'est inutile.

– Ne crains rien. Je t'ai juré que tu resterais ici. Nous nous occuperons de tout. Personne ne t'emmènera à l'hôpital, personne, tu entends! Mais là, c'est juste une petite visite, pour savoir ce que tu as. Comme ça, nous pourrons mieux te soulager.

– Soulager, ça oui, il faut aider le corps. Les douleurs inutiles, c'est de la prétention.

Tu sais, c'est pas la médecine qui compte, qu'elle soit douce ou forte. C'est l'aide efficace ou non.

Le médicament, c'est de l'amour en comprimé, avant tout il faut que ça marche.

– C'est joli ça, comme expression, " de l'amour en comprimé "! »

L'épisode médical terminé et accepté, elle revint sur les sept couvertures en me décrivant les caractères qui conviendraient, le format idéal des livres, le nombre de lignes par page... une super-pro!

Ensuite, elle me présenta une petite introduction d'une page dont elle était satisfaite :

« Tu vois, elle est bien. Tu peux la mettre en introduction de tes sept livres. »

Et voilà, tout était fait. En une journée, elle avait rempli son contrat. Et moi qui pensais l'occuper quelques semaines! Décidément plus rien ne pouvait la retenir parmi nous.

Le docteur vint, comme il était prévu. Mais comment voulez-vous qu'elle y comprenne quelque chose? Mourante d'un côté, Gitta trouva le moyen d'être encore plus souriante et pétillante de l'autre. Elle s'était peignée, changée, au prix de quelle fatigue d'ailleurs. Et adoptait une pose nonchalante dans son fauteuil, comme une star recevant la presse.

Pauvre docteur K.!

Comme de bien entendu, elle prescrivit un nouveau traitement (en faisant d'ailleurs l'erreur de supprimer l'ancien). Selon elle, il fallait avant tout s'adapter à la finesse de cette âme, et en plus lutter contre vingt ans d'empoisonnement dû aux médecines classiques.

Balivernes, tout ça! Prétention médicale cherchant à vendre ses vues pour contrecarrer celles du camp adverse : Gitta n'a eu besoin de personne pour s'occuper de son âme. D'ailleurs, personne n'y serait parvenu.

Elle avait besoin que l'on aide son corps, un point c'est tout.

Elle était pourtant gentille, le docteur K. Elle faisait de son mieux. Convaincue des effets de son nouveau traitement, elle conclut en partant :

« Tenez-moi au courant. Si elle n'est pas trop empoisonnée, je crois que dans huit jours il n'y paraîtra plus.

– Alors on boira une bonne bouteille de champagne », ai-je répondu, soudain réconforté par tant d'assurance médicale.

Bien sûr, j'ai couru auprès de Gitta, pour lui raconter les conclusions du docteur. Elle m'écouta avec beaucoup d'attention, mais son petit sourire me fit comprendre qu'elle regardait les hommes avec une tendresse amusée.

Le soir elle ne mangea rien. De sa chaise longue, elle nous observa en silence pendant que nous savourions le repas de Patricia. D'ailleurs, elle ne mangea jamais plus. Et malgré toutes nos ruses, à part quelques jus de fruits, elle ne prit plus rien jusqu'au dernier jour.

La faim était partie, toute faim de la terre avait disparu. Seule lui restait la faim du ciel, la nostalgie secrète de sa patrie que je surprenais parfois dans certains regards.

« Je vais rejoindre ma patrie », nous dit-elle ce soir-là, d'un ton qui nous fit presque envie.

Pour la première fois de son existence, elle ne prit pas son bain avant de se coucher. Elle était épuisée, sans douleur, mais épuisée. Bon, c'était paraît-il à cause de son cœur!

En fait cela ne changerait rien que nous le sachions enfin. Elle se coucha, en acceptant que lundi, on lui fasse une prise de sang, mais elle précisa bien :

« C'est le seul examen que vous me ferez!

– Juré, juré, ma Gitta! » ai-je répondu de nouveau inquiet.

Elle se coucha. Jamais plus elle ne se relèverait.

En éteignant, ce soir-là, toutes ses lumières, j'ai vu sur son bureau un petit mot écrit à la main :

« Je tourne de plus en plus autour du Verbe.

Mais qu'est-ce que je désire tellement découvrir?

Quelle est cette nostalgie si puissante qui agit en moi envers la vérité?

La terre, les plantes, l'animal ne mentent pas,
ils n'ont pas reçu la parole;
les Anges ne mentent pas,
ils n'ont pas reçu la parole;
mais moi, dès ma naissance, je mens.
Depuis 85 ans j'ai semé un milliard de mensonges.
A 85 ans, je vois ce milliard de mensonges.

qui porte des millions de fruits qui empoisonnent la terre.

Comment effacer tout cela de la mémoire de la terre?

Seulement, en étant capable à la fin de ma vie de prononcer le Verbe de lumière – mon vrai Nom.

Alors j'effacerai le mensonge de la face de la terre,
et je n'aurai pas vécu en vain. »

Ma Gitta, je peux le dire, tu n'as pas vécu en vain; les jours qui suivirent, tu fus le Verbe créateur, autant par tes mots que par ta victoire sur ton corps. Oui, je peux l'attester, ce sont ces huit jours qui furent le couronnement de ta vie, et comme Soljenitsyne, c'est l'Histoire que tu as rejointe en mourant ainsi.

Lundi 18 mai

Les trois épreuves de Gitta

« J'HABITE DANS LE SOURIRE ET JE SUIS TA MESURE.
LE SOURIRE EST SYMBOLE : MAÎTRISE SUR LA MATIÈRE.
SI TU LIS UN LIVRE, TU L'APPROCHES DE TOI POUR BIEN VOIR.
SI TU VEUX ME LIRE, IL FAUT QUE TU T'APPROCHES.
J'HABITE DANS LE SOURIRE. »

(p. 212)

C'EST par l'étrange rêve de Patricia que notre journée a commencé. Ainsi dès le lever, le Grand Scénario venait déjà nous chercher :

« Je rentrais de voyage et j'étais toute contente de retrouver Gitta. Aussi je me suis jetée dans ses bras en la serrant très fort et en l'embrassant partout. Gitta, elle, demeurait toute raide, comme un morceau de bois. Elle écartait même les bras, afin d'éviter de me toucher. Bref, elle prenait son mal en patience, attendant que mes effusions se terminent. Mais je l'ai tellement embrassée, et je la serrais si fort, qu'à un certain moment nous sommes toutes les deux tombées à terre. Profitant de sa situation de faiblesse, je me suis roulée sur elle, redoublant de baisers. Pauvre Gitta : elle était coincée, obligée de se laisser faire. Alors petit à petit elle quitta sa raideur et commença à s'abandonner dans mes bras et même à m'étreindre. On aurait dit que nos deux corps se fondaient l'un dans l'autre tellement ils étaient en harmonie. »

A l'écoute d'un tel rêve, je ne pus retenir un regard amusé au-dessus de mon bol de café. Quelle image excellente de ma Gitta, ai-je pensé.

En face de Patricia l'Italienne, elle était vraiment

une infirme de la tendresse. Et le maximum de câlins que j'avais pu recevoir de sa part consistait en de grandes tapes amicales dans le dos, à vous démonter une vertèbre.

Jamais je ne l'ai vue se laisser aller dans nos bras... dans les bras de personne d'ailleurs. Jamais non plus, elle ne m'a pris tendrement dans les siens. Mon Dieu, je le comprends très bien, il y avait eu tant d'épreuves dans sa vie l'obligeant à devenir forte.

Oui, mais voilà, elle allait tomber, elle allait se coucher. Elle allait devoir confier son corps à nos mains aimantes, jusqu'à s'abandonner complètement. C'était un secteur où elle avait encore tout à apprendre. Et pendant les huit derniers jours de sa vie, nous allions assister à sa découverte du monde des caresses : à son choix d'en sourire ou d'en souffrir.

Ce rêve résumait merveilleusement l'une des trois épreuves qui lui restaient : la conquête de la tendresse. Elle allait bientôt en affronter deux autres : vaincre toute pudeur en livrant son ultime intimité, et devenir enfin indépendante des souffrances de notre terre.

Ce matin-là, plus que le rêve lui-même, ce fut comme si je comprenais la mort de l'intérieur, et l'importance énorme de nos pratiques spirituelles durant la vie.

Je sais maintenant, pour l'avoir vu dans ses yeux, que nos dernières expériences humaines sont soit une douloureuse agonie, soit une victoire sur ce qu'il nous restait à faire.

On ne choisit pas sa mort. C'est le résultat de nos vies.

Mourir, j'en suis sûr, c'est finir ce que nos chemins

spirituels n'ont fait que commencer : c'est partir exactement de là où l'on s'est arrêté.

Ce matin-là, devant mon bol, j'ai mesuré enfin que je n'y échapperais pas. Chacun de mes refus devra être dépassé, impossible de m'y soustraire!

Serai-je capable d'avoir, comme Gitta, trois bricoles à finir? Ou bien me restera-t-il une montagne de problèmes et d'aigreurs à digérer?

Mon Dieu, est-ce que les douleurs de la mort ne proviennent pas du fait que nous avons soudain trop de choses à régler? Il me revint brusquement cette terrible phrase des *Dialogues :*

« CE N'EST PAS LA MORT QUI EST MAUVAISE
MAIS LA TÂCHE NON ACCOMPLIE. »

(p. 183)

Lorsque Patricia lui raconta son rêve, Gitta répondit simplement : « Je sais que ce rêve est pour moi. »

En effet, ce matin-là, Gitta était à terre. La diminution géographique la fixait maintenant au lit. Et le rêve devenait réalité. Gitta couchée, c'était du jamais vu! Depuis huit ans que je la connaissais, pas une seule fois elle n'avait attrapé le moindre rhume.

Dès lors, il fallut nous organiser. Et ce n'est pas chose facile que de se préparer à accompagner un grand malade à domicile. Il faut tout prévoir, y compris le pire. Détail après détail, envisager tout ce qui sera nécessaire pour faire face à la situation matérielle.

Ensuite il fallut modifier nos emplois du temps, différer tous nos engagements. Oh! bon sang, quel casse-tête! Comment pouvions-nous savoir jusqu'à quand cela allait durer?

Dès midi, une petite équipe était déjà formée, rien que des amis de Gitta, des proches auxquels elle avait déjà tant donné : deux infirmières, Patricia et moi ainsi que le docteur C. qui viendrait nous rejoindre dans la semaine. Vingt-quatre heures sur vingt-quatre, Gitta aurait quelqu'un auprès d'elle. Chose promise, chose due, elle guérirait ou elle mourrait ici. Pas question de l'envoyer à l'hôpital.

La prise de sang eut lieu. L'unique examen qu'elle nous laissa faire, révélant d'ailleurs dès le lendemain qu'aucune infection, ni trouble majeur n'était apparu. Il aurait fallu d'autres investigations mais elle s'y refusa avec force :

« Je ne veux pas que l'on me prolonge. Je veux être à l'heure. Dis donc, mon vieux, mes faire-part sont tout prêts à côté de la penderie. Il ne vous reste plus que la date à mettre.

– Mais Gitta, on n'en est pas encore là! ai-je répondu, résolu à lui parler comme d'habitude, tant je savais que ma pitié ou mes pleurnicheries l'accableraient plus que tout autre chose.

– On y est presque... on y est presque, mon vieux. »

Je vins m'installer à sa table de travail, afin de rester à portée de voix. Elle somnola toute la journée sans aucune plainte. De temps à autre elle se réveillait pour me dire sa fatigue de plus en plus grande.

J'appelai le docteur K. pour l'informer de la situation : elle me répondit qu'il s'agissait d'une crise d'élimination. Après vingt ans d'empoisonnement médicamenteux, ce n'était pas surprenant, semblait-il. Bien sûr, au réveil suivant, j'en fis part à Gitta : « Tu sais, ma Gitta, c'est classique ce qui t'arrive. C'est une crise d'élimination à cause de ton nouveau traitement. »

J'étais d'ailleurs prêt à me raccrocher à n'importe quelle théorie plutôt que d'accepter l'évidence.

« Ah, ça c'est sûr, me répondit-elle, je m'élimine de la terre! »

Comment pourrais-je oublier son sourire coquin dans un tel contexte? Un tel humour, on a du mal à s'en remettre. On est là, on hésite : faut-il sourire, faut-il pleurer?

Gitta fut de plus en plus faible, au fur et à mesure que la journée avança. Vers le milieu de l'après-midi, elle ne pouvait déjà plus aller jusqu'aux toilettes. A peine disait-elle que jamais elle ne supporterait ceci ou cela, que son pauvre corps lui imposait de le vivre : d'en souffrir ou de s'en accommoder.

Ainsi, venait-elle de me confier son horreur pour les pots de chambre : deux heures après, elle devait s'en satisfaire. Non, non, ne croyez pas que je suis un monstre, avec ce genre de détails sordides! Si je prends le risque de tout dire, c'est bien parce que TOUT a compté.

Déjà commençait sa deuxième épreuve : celle des pudeurs intimes à dépasser, quand il faut accepter de faire nettoyer son pipi et son caca, et que rien ne nous y a préparés. Gitta n'avait-elle pas passé sa vie à s'en sortir toute seule? Eh bien, un simple pot de chambre allait la contraindre à demander de l'aide.

A la tombée de la nuit, elle eut un nouveau souci qui harcelait tous ses courts réveils. Il avait fait chaud, très chaud toute la journée. La terre avait dû souffrir d'un tel soleil. Et même dans son état, Gitta le ressentait profondément. D'ailleurs elle avait soif, elle buvait sans cesse des jus de fruits que lui préparait Patricia.

« La terre a soif, vous savez, comme moi.
Il faut arroser mes géraniums!
Vous voulez bien arroser mon jardin?
Arrosez-le bien! »

Vu de loin, cela peut paraître ridicule, voire obsessionnel, j'en conviens! Mais vu de plus près! Pensez-vous qu'un être tout occupé par la peur de mourir puisse encore penser à l'arrosage de ses fleurs?

Inversement, bien sûr, c'était aussi sa troisième épreuve. Allait-elle encore longtemps se laisser envahir par l'anodin, au lieu de rejoindre l'essentiel : ces fameux mots de vérité qu'elle cherchait depuis un an déjà?

Quelque part, c'était sacrément vrai : la terre et le ciel se disputaient la place en elle.

Ce soir-là, en me couchant, j'ai seulement pu écrire sur mon journal :

« Si ce n'est pas sa mort qui vient, une chose est certaine : nous ne serons jamais plus les mêmes. Chaque minute est brûlante de vie. On dirait que le temps presse. On dirait que d'immenses bouleversements se préparent. Qu'il en soit fait selon TA volonté! »

Mardi 19 mai

L'Ange créateur et l'Homme sauveur

« SA MAIN EST PROCHE, ET C'EST TOI-MÊME.
SOIS SON AIDE, ET TU SAUVES LE MONDE! »
(p. 234)

GITTA est couchée depuis vingt-quatre heures. Et nous nous relayons nuit et jour à ses côtés. Plusieurs fois dans la journée elle réclamera de la trinitrine pour se sentir moins oppressée.

Je ne peux pas passer sous silence les sordides problèmes de la terre car ils furent la douane à payer pour que le reste soit possible.

L'enjeu était de taille : ou notre Gitta bloquait sur chaque exigence nouvelle, ne laissant plus aucune place pour les mots de vérité; ou elle dépassait tous les problèmes matériels, permettant au ciel de l'envahir.

Et ce fut bel et bien : pipi-caca contre l'Ange, le plus bas contre le plus haut. C'était l'un ou l'autre, mais pas les deux.

Que tous ceux qui veulent tant leur tête au ciel se rendent bien compte où il faut mettre les pieds!

Alors le Jeu se resserra d'un cran, pour l'éprouver un peu plus et que des mots plus grands puissent naître. Petit à petit, même le pot de chambre lui devint inaccessible.

Elle avait dit, la veille, qu'il n'était pas question qu'on lui mette ces horribles bassins que l'on glisse dans le lit des malades. Eh bien, elle allait devoir s'y faire : dès le soir même, il n'y eut plus d'autre solution.

Un pas était encore franchi, que sa pudeur devait accepter. Bien sûr, elle préféra que ce soient les femmes, plutôt que moi, qui s'occupent de ces choses-là. Jusqu'à quelles extrémités ce Jeu allait-il encore l'entraîner? Moi, qui la connaissais tant, j'en souffrais déjà pour elle. Mais elle sembla s'en accommoder.

Oh, mon Dieu, il n'y avait pas que pipi-caca comme problème! Ce matin-là, elle découvrit qu'elle ne pouvait plus se laver toute seule. C'est Josiane, notre amie infirmière, qui vint lui changer son lit, lui faire sa toilette, et les mille et une petites choses dont on a besoin en pareille circonstance.

Là encore, quelle épreuve grandissante : devoir s'en remettre totalement entre les mains de quelqu'un d'autre! N'était-ce pas le rêve annonciateur de Patricia?

Le sourire de Josiane, son chantonnement discret et toutes ses attentions firent merveille. Peu à peu elle obligea Gitta à découvrir puis à savourer une tendresse où l'on a plaisir à se laisser aller, plutôt que de vivre une insupportable dépendance.

Pourtant, ce matin-là, je me souviens encore de mon étonnement devant une telle victoire : Gitta roucoulait, la coquine! Elle roucoulait de plaisir pendant que Josiane s'occupait de son corps épuisé. Elle, qui jusque-là supportait si mal qu'on la touche, s'écriait :

« Hum... hum! Jamais personne ne s'est occupé de mon corps avec autant d'amour! Il aime ça, vous savez. »

Autant de souplesse en si peu de temps! Passer de

la crainte au plaisir, de la répugnance à la gourmandise aussi vite, je n'en revenais pas.

Était-ce à cause de tout cela? Toujours est-il que Gitta vibrait déjà à un autre rythme de vie. Ses yeux, en s'élevant au-dessus du monde, faisaient naître des mots de plus en plus puissants.

Pendant que la terre cherchait à la tirer en bas, elle instaurait avec le ciel un nouveau dialogue. Enfin, elle prit pied sur cette planète si convoitée depuis un an : celle des mots qui agissent, celle des mots qui effacent le mensonge.

C'était en fin de matinée. Elle avait dormi un peu pour récupérer des efforts fournis pour la toilette. Depuis un long moment, j'étais assis auprès d'elle, silencieux, laissant remonter les souvenirs qui nous concernaient tous deux.

Soudain, elle s'éveilla, m'indiquant avec sa main un carnet. Voulait-elle écrire? Non, c'était impossible, elle n'en aurait pas la force. Alors? D'un geste, elle me fit comprendre que je devais prendre des notes.

Sa voix devint lente et profonde. Une autre voix, un autre rythme. Quelque chose de si vivant, en comparaison de son corps mourant, que j'en fus presque choqué.

« Dis-leur bien, mon ours : nous ne savons rien des Anges.

Même moi, je ne sais rien.

Dis-leur, mon ours : il ne faut jamais dire que l'on sait. »

A n'en point douter, pour dire des choses pareilles, c'est que sous ses yeux défilait un paysage auquel je n'avais pas accès. Il me fallait la relancer. Pousser ses mots à descendre jusqu'à moi.

« Mais qu'est-ce que l'on ne sait pas? Qu'est-ce que tu vois?

– L'Ange est CRÉATEUR.

C'est un créateur évolutif.

Il évolue lui aussi.

Sa force créatrice d'aujourd'hui n'est plus celle des temps anciens.

Des hommes saints ont établi des lois sur les Anges,
mais ce sont des lois sur les Anges de leur temps.

C'est dépassé!

Tu comprends?

– Oui, oui, je comprends. Nous croyons en de vieilles formes!

– Cela me fait du bien de te parler.

Note-le... note-le!

Les Anges sont des CRÉATEURS ÉVOLUTIFS.

Ils ne sont plus ce que les hommes pensent encore d'eux.

Et nous, les hommes, nous sommes leur Œuvre.

En tant qu'œuvre : nous sommes SAUVEURS
car c'est seulement nos Actes
qui peuvent TOUT sauver. »

Gitta s'est endormie. J'imagine que dans son état de fatigue extrême, de tels mots lui prennent toute son énergie. Elle semble déjà voir ailleurs, être ailleurs. En même temps, elle me parle, en même temps je sais que cela parle à travers elle.

Une heure plus tard, elle se réveille à nouveau. Elle a presque perdu la notion du temps. Pour elle, nous continuons la même discussion. Elle a rêvé, elle a rêvé quelques minutes, dit-elle. Elle s'en veut de ne pas pouvoir me traduire son rêve : « C'était si grand... si grand! » commente-t-elle sans cesse.

Était-ce bien un rêve? Je me demande si ce n'est pas moi qui suis son rêve, alors que sa réalité est déjà autre part.

Petit signe de la main, m'indiquant le carnet :

« Je n'en sais rien, comment je vais rencontrer mon Ange.

Je n'en sais rien, tu te rends compte?
Celui qui sait est gonflé.
Au fond, moi je suis un ouvrier,
un gentil ouvrier qui a fait sa Tâche.
Et aux ouvriers, on ne dit pas tout.
On dit : " Au boulot ", c'est tout!

– Ah oui? Et tu crois que certains ne sont pas ouvriers? Est-ce qu'il y en a qui peuvent prévoir leur rencontre avec leur Ange?

– Les mesures sont autres pour chacun.
C'est toujours tout à fait autre.
Dans le temps et dans l'espace,
c'est É-V-O-L-U-T-I-F.
Regarde Morgen!

– C'est sûr, Morgen, c'est une autre nature d'Ange.

– Ce n'est pas un Ange personnel.
C'est un Ange accélérateur.
Il n'y a pas que des Anges personnels.
Mon Ange... mon Ange!
Tout le monde a son Ange
comme un nouveau nombril.
Morgen est autre, tout à fait autre :
Il accélère. »

Gitta parut soudain inquiète. L'évocation du nom

de Morgen la replongeait dans la traduction. Visiblement elle n'était pas satisfaite.

« Mon ours, travaille sur *Morgen!*
Mais coupe, coupe le mièvre.
Morgen agissait sur le temps de son époque.
Le temps est passé,
alors il paraît mièvre.
Ne garde que l'intense... que l'intense.
Même si c'est trois lignes.
Coupe! Coupe! »

Gitta s'est à nouveau endormie. Je quitte alors sa chambre et m'installe à sa table de travail pour reprendre *Morgen*. C'est vrai, avec du recul, force m'est de constater qu'il y a des longueurs. Bon, à part quelques passages, cela paraît tiède à côté des *Dialogues*.

« Mon ours, viens!

– Je suis là, j'arrive, ma Gitta!

– J'ai mal écrit la fin de *Morgen*. La transition vers le nouvel Homme, ce n'est pas un coup de baguette magique. Et hop, c'est fait!

Non, non, la transition, c'est très long.

Comme le jour qui se lève. »

Mais qu'avait-elle donc rêvé? Pour elle la discussion continuait encore, un pied dans le temps, un pied dans l'éternité.

Avait-elle aperçu combien l'homme d'aujourd'hui n'est qu'une transition vers ce que sera l'Homme? Certainement.

Et elle voulait corriger sa mauvaise traduction : non, non, on ne pouvait pas claquer du doigt et devenir l'Homme enfin. Ce n'était pas ainsi que cela se passait, semblait-elle souligner. Mais alors qu'avait-elle vu?

« Attends, attends! Qu'est-ce que je dois reprendre, je n'ai pas très bien compris?

– La transition, c'est deux mille ans de tuerie;
c'est l'époque de la Tuerie.
Et la TUERIE veut te tuer,
car elle veut tuer tous les hommes.
Le carnage est nécessaire
pour que certains cherchent.
Avec ceux-là,
la TUERIE ne pourra plus tuer,
si le corps matière-lumière devient possible.
A cause de Jésus
elle veut tuer, mais elle ne le peut plus.
C'est ça, LA TRANSITION.
Jésus a créé les conditions
pour l'accomplissement du corps matière-lumière.
Alors la TUERIE ne pourra plus tuer le corps intuable.
C'est ça, la TRANSITION :
ACCOMPLIR LE CORPS INTUABLE. »

Imbécile que je suis : je n'y comprends rien! Tout cela ne concerne pas *Morgen*, il n'y a pas un passage qui en parle.

Alors j'ai insisté, sans voir que *Morgen* n'était qu'un prétexte, une graine pour l'envolée.

« Mais qu'est-ce que je dois rajouter à la fin de *Morgen?* Qu'est-ce que c'est, cette histoire de transition?

– Je m'en fous, de *Morgen!*
Ce n'est qu'un prétexte...
La TRANSITION,
ce n'est pas un coup de baguette magique.

C'est le temps nécessaire
pour accomplir le corps intuable.
C'est long.
C'est une pratique,
car nous sommes tous des Jésus.
Nous devons tous accomplir le corps intuable
C'est une pratique.
P-R-A-T-I-Q-U-E!
Tout spectaculaire doit être éliminé.
Il n'y a pas de spectaculaire dans la Transition.
Le spectaculaire, c'est romantique.
Tu comprends? »

Oh que oui, je comprenais! J'ai tant de réticences envers le bazar New Age, et les gloires factices. Je me doutais bien que seule une humble pratique conduit peut-être au corps intuable.

J'aurais voulu la questionner encore, mais elle dormait déjà. Le soir, on vint me relayer.

Douze heures auprès de Gitta, même mourante, c'est épuisant d'intensité!

Et dire que cela ne faisait que commencer.

Mercredi 20 mai

Contre la tuerie : le corps intuable

« Vous êtes des descendants! Vous tous!
Vous tous : des Jésus... »

(p. 242)

Le premier homme : Jésus. Le maître.
Le premier maître sur le corps.
Le corps a été crucifié.
L'acte a été librement accepté.
Sacrifice, victoire sur la matière, sur la mort. »

(p. 347)

Ce matin, pour la toilette, Josiane est aidée par Annie, notre seconde infirmière. Quelle chance de les avoir auprès de nous! Leur habitude du monde hospitalier et des grands malades nous est d'un immense secours. Ainsi en prévoyant, grâce à leur expérience, l'évolution possible de Gitta, nous pouvons nous équiper en nouveau matériel qui nous permettra de passer le jour suivant.

Lundi et mardi, elle bougeait encore dans son lit. Elle se tournait à droite à gauche, et pouvait même se soulever pendant que nous lui changions ses draps. Aujourd'hui, il n'en est rien : elle n'a plus la moindre force. Elle est devenue un poids mort, subissant passivement toutes les manœuvres nécessaires.

La terre ne chercherait-elle pas à vérifier si désormais notre Gitta sait s'abandonner entre des mains étrangères? Fort heureusement, l'étonnante victoire acquise la veille se répéta aisément malgré des conditions plus difficiles.

Certes, elle roucoula beaucoup moins, par manque de force, mais son visage en disait long sur le nouveau plaisir qu'elle prenait à être chouchoutée ainsi.

Quel saisissement pour moi, de la voir pareillement

transformée! Pouvoir encore se dépasser à ce point, à l'âge où les autres s'enraidissent de partout.

Si j'avais besoin de preuve, j'en avais une sous les yeux : on peut changer radicalement à n'importe quel âge.

Mais ce matin, il y a aussi cette douleur au poumon droit, cette douleur qui commence à gêner Gitta pour se coucher sur le côté.

Cela ne me plaît pas du tout, mais alors pas du tout!

Le coup de téléphone au docteur K. ne m'apaise pas. Il faut attendre, paraît-il, mais attendre quoi?

Comble de malheur, son médecin traitant vient lui aussi aux nouvelles. Comment lui faire comprendre sans le blesser que nous avons abandonné tous les médicaments classiques? J'avais tant besoin de leur aide et je n'ai eu droit qu'à leur susceptibilité.

Mais quand cesseront-ils, tous ces médecins intolérants, de faire leur sale guerre au-dessus de nos têtes? Pendant que l'état de Gitta empirait, il me fallait ménager la chèvre et le chou, préserver l'amour-propre de chacun, tant on aurait dit que leurs idées perdaient un client si Gitta ne mourait pas dans leur camp. Sordide, tout ça!

Viendra-t-il enfin ce temps où, après nos guerres de Religion en tout genre, cette arrière-garde de la pensée, naîtra enfin l'ère de la réconciliation, quand les différences serviront l'ensemble, au lieu de se battre entre elles?

Je peux vous dire comme ce fut lourd d'avoir à m'occuper des médecins et de leurs étendards, alors que Gitta mourante me réclamait tout entier à ses côtés.

Pour l'heure, la responsabilité de son traitement devenait écrasante. Si elle tombe dans le coma, comment tenir ma promesse de la garder ici? Comment savoir la médecine qu'il lui faut?

Ma pauvre tête va exploser!

Mais cela faisait partie du jeu, du Grand Jeu qui nous unissait depuis si longtemps : en mourant, elle m'apprenait encore à vivre, et si nécessaire en étant capable d'être seul contre tous.

Messieurs les docteurs, mais non je ne suis pas fou! C'est elle qui veut les choses ainsi.

Mesdames, messieurs, ses amis, mais non je ne la séquestre pas! C'est elle qui veut rester ici.

Mais puisque je vous le dis : elle ne veut pas être guérie, elle veut juste qu'on la soulage.

C'est vrai, il faut quand même se mettre à leur place; des cas comme Gitta, on en voit peu. Des gens qui veulent bien mourir, et en plus qui ne veulent pas qu'on les fasse durer; allez faire comprendre cela aux êtres dits normaux! Une chose est sûre, plus les jours passaient, plus j'avais le sentiment d'être seul à défendre ce en quoi elle avait toujours cru.

« Coucou Gitta, alors comment vas-tu ce matin?

– Je suis contente, la terre a si soif, et la pluie lui fait tant de bien.

– Oui, mais toi, comment tu vas aujourd'hui?

– Tu sais, Morgen, c'est un Ange contre l'intégrisme.

L'intégrisme, c'est cela qui assèche
le cœur des choses.
Contagion, tout cela!

Tous les racismes, tous les intégrismes
construisent le temps de la TUERIE.

– Ah ça alors, je suis bien d'accord avec toi. Il y en a partout. Tiens! Il y a même l'intégrisme médical, où chacun défend son territoire d'idées. Parfois c'est lourd, tout ça.

– Oh, si tu voyais : LA TUERIE EST PARTOUT.
Morgen se sert du nazisme : c'est symbolique.
Partout, les hommes sont dans la fureur
de leurs nouveaux " Führer "
Il n'y a que TUERIE ET FUREUR.
Ils s'entre-tuent tous. »

Bon sang, que l'image était forte! Ce fut comme si ses mots éveillaient en moi un sentiment nauséabond de cette fin de siècle, de là où nous en sommes tous arrivés : tuer. Tuer la terre, tuer l'autre, tuer son rival, tuer... tuer... tuer partout.

Comment voulez-vous prendre de ses nouvelles à côté d'un tel sujet? Comment vouliez-vous qu'elle s'occupe d'elle-même et de sa mort, avec de tels yeux tournés ailleurs?

« Oui, mais qu'est-ce que l'on peut y faire? Non, plutôt... qu'est-ce que JE peux y faire?

– Oh toi, mon vieux, tu es un ours rare!
Tu peux beaucoup.
C'est pourquoi il faut que tu voies Christine V.R.

– Mais qu'est-ce qu'elle vient faire là-dedans? Ce n'est pas ça qui va m'aider à lutter contre la tuerie?

– Je réponds à TA question :
c'est la nuit de la tuerie constante.
Et qui peut mettre fin à cette tuerie?
SEULEMENT UN NOUVEAU CORPS INTUABLE.
Jésus fut le premier corps intuable

IL L'A RENDU POSSIBLE,
mais le premier corps intuable
EST À RÉPÉTER
pour que la nuit cesse.
Je réponds à TA question :
CONTRE LA TUERIE,
TON CORPS INTUABLE. »

Sa réponse, ses yeux, le rythme de ses mots, tout cela se transfusait en moi. Que ce soit le mien, ou celui d'un autre, une chose était certaine : contre la tuerie, il faudrait des corps intuables. Mon Dieu, comment faire comprendre aux hommes qu'il n'y a d'autre but dans la vie que la réalisation du corps intuable; que tout le reste n'est qu'occupation vide. Jamais aucune solution extérieure ne mettra fin à nos guerres, seul le corps intuable sera un traité de paix durable. A cet instant, j'eus le sentiment qu'il me fallait consacrer toute ma vie à ne dire que cela et le répéter sans cesse. Que TOUT SE JOUAIT LÀ!

« Je réponds à TA question », reprit-elle.

Mais s'agissait-il de Gitta, ou bien de mon Ange à travers elle?

« Ton corps intuable
éveillera l'envie
chez ceux qui voient
et l'aurore pointera.
Que chacun trouve SON corps intuable!
Alors après le temps de Jésus
viendra le temps DES Jésus
et le printemps s'accomplira.

– O.K., je comprends.

– Vous pratiquez l'ordinaire (allusion au travail fait dans Art'As). C'est juste.

Les autres sont encore dans le spectaculaire.
Vous pratiquez sans éclats.
Le besoin d'éclats,
c'est toujours à cause du manque de lumière. »

Gitta s'est endormie, prenant encore dans son sommeil des poses inimitables.

Tiens! Elle ouvre un œil, un seul :

« Eh ben, je ne suis plus qu'un paquet de vie, ce matin! Je me demande jusqu'où on descend?

– Alors ça, je n'en sais rien, ma Gitta.

– Dis donc, pourvu que je n'aille pas au Nirvana.
Moi, je préfère jouer avec les Anges.
Je m'en fous de la sainteté.

– Moi, je crois que tu mérites bien une bonne petite sainteté. Tu vas y avoir droit à tous les coups! Ne fronce pas les sourcils, je plaisante.

En tous les cas, pendant que tu étais sur terre, ils étaient tranquilles là-haut. Il va falloir vite qu'ils te trouvent un nouveau boulot.

– (Rire) On s'amuse bien, hein, mon ours!
Ils croient tous que je suis en extase.
Foutaise!
Il n'y a pas d'exaltation dans la mort.
C'est romantique, tout ça.
Dis donc, as-tu mis de l'eau pour les oiseaux?

– Mais il pleut! Ils ont toute l'eau qu'ils veulent. »

Avec du recul, je crois que ma Gitta, c'était une vraie extra-terrestre, capable, au milieu de ses plus grands moments de faiblesse, de faire une petite pause dans le sourire et l'humour, juste avant de retourner à l'intense. Il y avait là quelque chose de profondément rassurant.

C'est sûr, elle avait dû franchir quelques degrés du corps intuable, pour vivre son agonie avec autant de liberté.

Agonie : c'est bien le mot exact, même si pour elle, il était déplacé.

Agonie : au fond nous ne connaissons qu'un versant des choses.

Moi, je vous le dis, j'ai appris que l'on pouvait aussi en profiter au lieu de l'endurer.

Autre versant des choses quand agonie veut dire : stimuler l'intensité.

« Tu sais, les *Dialogues* sont venus à temps.
Au temps juste.
Ils préparent au corps intuable;
ILS PRESCRIVENT LE CORPS INTUABLE.
Les Anges ne servent qu'à cela.
Ils sont créateurs de corps intuables
et nous sommes SAUVEURS
seulement par le corps intuable.
Dis-le! Dis-le toujours!
Maintenant, le corps intuable est devenu possible.
IL EST POSSIBLE
MAINTENANT.
Tu entends?

– Oh oui, je t'entends. C'est une si vieille certitude pour moi. Une certitude qui me hante souvent en secret : réaliser ce corps intuable. Une certitude embarrassante; parfois il me semble que ressusciter, c'est ordinaire.

– C'est normal. C'est bien.

Les hommes ne veulent pas comprendre :
c'est seulement normal, le corps intuable.
Le chemin qu'un homme a frayé
devient fréquentable pour tout le monde;
c'est l'ordinaire
et non pas le spectaculaire.
Jésus a frayé le chemin,
alors tous les hommes sont de nouveaux Jésus.
C'est la grande ligne de toute la création,
une ligne magnifique, exaltante.

– Oui, mais c'est dur d'avoir un tel but de nos jours. Et quand je pense à mon corps intuable, j'ai parfois l'impression d'être un prétentieux d'avoir l'audace d'y penser pour moi; l'audace d'en faire un but pour ma vie. Pour moi, réussir, c'est ça. Tout le reste, ce n'est que de petites réussites.

– Mon ours, tu es bébête!
C'est l'inverse : tu es normal.
Parce que les hommes n'y pensent même pas,
ils le rendent impossible.
Toi, tu y penses, tu y crois,
alors tu l'attires, tu l'annonces
ET TU LE RENDS POSSIBLE.
Tiens, il n'y a pas de prix Nobel pour ça.
Pourtant, tu en mériterais bien un.
Accomplis-le!
Tu es un des nouveaux Jésus
parce que tu y crois.
C'est toi qui es dans le naturel.
Ce n'est pas prétention... C'est COURAGEUX!

– Oh, ça me fait du bien, tout ce que tu viens de dire. Tu sais, j'en suis sûr, ressusciter, ce n'est qu'une fonction humaine ordinaire, mais il nous reste à en trouver les clefs. Tu n'es pas fatiguée? Veux-tu te reposer?

– Ne t'en fais pas!

L'économie du ciel a tout calculé.

Et c'est calculé au millimètre;

la nécessité de la venue des *Dialogues* en fait partie,

et toi aussi.

Dis donc, mon ours, je suis bien, tu sais.

Je suis bien, c'est tout. »

Il faut l'entendre, une telle phrase finale, sortant d'un corps si épuisé. Il faut tout entendre de ce qu'elle dit : entendre cette autre humanité possible pour que de tels mots existent.

Patricia entra, elle avait des fax à lui lire, des lettres, des petits coucous de chacun. Gitta les reçut avec bonne humeur, s'inquiétant de quelques détails par-ci par-là, puis elle s'endormit.

Jeudi 21 mai

Le caca sacré

« Le corps n'est rien d'autre qu'amour devenu matière. »
(p. 379)

En fait, c'est un incroyable Jeu auquel elle me fait assister. Un jeu où l'on ne peut plus tricher car l'agonie mesure notre degré d'humanité.

Tiens, c'est comme si son corps avait dit à son esprit : « Bon allez, salut! Je pars petit bout par petit bout. On va bien voir combien de temps tu peux tenir. » Et son esprit de répondre : « Attends, attends, je te raccompagne jusqu'à la porte. Allez, bonne route, mon vieil outil! »

Quand on pense à la fréquente supplique que la mort du corps impose à l'esprit : « Non, non, ne me quitte pas! C'est trop affreux! », et le corps part tout de même, mais en claquant la porte, on se dit qu'on a le choix entre deux scénarios, avec ou contre son histoire.

En voyant ce matin ce qui lui reste pour vivre, quelque chose hurle en moi : « Regarde! Regarde comme c'est possible! Mais regarde donc! »

Et ce téléphone qui n'en finit pas de sonner, chacun voulant savoir les dernières nouvelles.

« Dites-leur que je dors. Oui, c'est ça, que je me repose. Et que désormais mon temps est sacré », nous souffle-t-elle les yeux mi-clos.

Aujourd'hui plus qu'hier, elle est figée dans son lit, couchée en boule sur le côté. Son poumon droit lui fait mal. Et par vagues, des étouffements pulmonaires commencent à apparaître, rendant sa respiration bruyante. Patricia est fatiguée par cette troisième nuit passée à ses côtés. Au moment de la relayer, je vois que ce soir il faudra prévoir quelqu'un d'autre. Et dire que demain elle commence son stage! Il faut vraiment qu'elle se repose.

Pendant la toilette, Josiane et Annie feront des miracles. Le moindre changement de drap devient une prouesse. A peine peut-on toucher Gitta tant cela lui provoque de violentes douleurs thoraciques. Aussi ai-je dû me joindre aux différentes manœuvres afin de la soulever pendant que Josiane en toute hâte installe une nouvelle literie toute propre. Allez, encore un petit coup de peigne, un peu de parfum et voilà notre Gitta parée pour la journée.

Après cet épisode un peu difficile, nous nous offrons tous trois un bon café dehors. Gitta, épuisée, s'est endormie. Chacun essaie de prévoir l'avenir, les soins et les médicaments qui seront forcément nécessaires. Tous ces détails matériels nous amenèrent à la certitude de sa mort prochaine. Soudain nous la palpions, cette mort, nous en mesurions le concret. Mais combien de temps cela allait-il durer? Quelques semaines, quelques mois?

Mais enfin, me direz-vous, c'était une évidence qu'elle allait mourir bientôt! Eh bien non, pas du tout! Certes, elle présentait tous les signes d'une dégradation physique avancée, mais son esprit, lui, présentait tous les signes d'une existence intense. Sa puissance de vie me paraissait si grande qu'il me semblait qu'à tout instant elle pouvait encore choisir, inverser le cours des choses : se lever et demander du champagne par exemple.

C'est seulement ce matin-là qu'une intime conviction me submergea soudain. La conviction non pas qu'elle allait mourir, mais qu'elle devait mourir.

Patricia revint avec un jus de fruit dans le vain espoir que Gitta en boirait un peu, et elle me tendit ses notes prises durant la nuit.

Quatre heures du matin :
« Coucoulou! Tu es là?
– Oui, oui, ma Gitta, je suis là!
– Tu sais, j'ai vu clairement à l'instant...
– Oui! Qu'est-ce que tu as vu?
– Mon Dieu, que les pensées sont vaines!
Il y a tant de pensées,
tant de pensées inutiles
Quel gaspillage!
Tu sais, j'ai vu tous mes gentils écrits,
des pages et des pages bien écrites, bien alignées
qui défilaient sous mes yeux.
Oh, comme c'était bien rempli!
Et pourtant tout allait à la poubelle.
Tout était mièvre.
Oh! mon Dieu, si tu savais!
une pensée, une seule, élevée à son maximum
c'est si rare... si rare!
– Oui, mais alors comment élever nos pensées?
– Cela m'échappe maintenant.
J'ai vu, mais cela s'évanouit.
Oh ça, c'est drôle!

...
Tu sais, mon corps est si faible
qu'il faut quelque chose de très fort pour le stimuler,
sinon, il ne peut rien garder.
Les seules pensées qui me viennent sont :
j'ai envie de faire pipi, de faire caca.
C'est ça, le corps faible.
Il ne pense qu'à se vider de tout
et il tire les pensées vers le bas.
Écoute!
Les grandes pensées se battent toujours
contre les toutes petites.
C'est pourquoi le génie est un étourdi.
La force du corps,
c'est de tout ramener vers le bas,
les pensées pipi-caca;
la force de l'esprit :
voir les perspectives infinies.
Si elles ne sont pas efficaces
les pensées ne servent à rien. »

Et puis, il y eut le fameux rendez-vous avec Christine V.R. Quelle étrange situation que de rencontrer une charmante inconnue pour échanger des banalités pendant qu'à quelques dizaines de kilomètres Gitta se mourait! L'avenir me dira peut-être pour quelle raison cet épisode eut lieu? Dès mon retour, il me fallut conter à Gitta notre entrevue.

En la retrouvant plus essoufflée que le matin, j'ai dû avoir un court instant d'apitoiement. Oh malheur, même dans son état elle s'en aperçut :

« Ne me regarde pas comme une mourante!
A quoi ça sert ce romantisme?

Raconte-moi plutôt ta rencontre avec Christine V.R. »

Elle voulut tout savoir, y compris comment elle était habillée. Je la sentais aux aguets, à la recherche d'invisibles indices lui annonçant des perspectives. Qu'avait-elle découvert, je n'en sus rien. Mais juste avant de s'endormir elle conclut doucement :

« Bon! Tout est programmé au millimètre.

Elle t'aidera sur terre. »

Épuisée par l'effort d'une respiration si rapide, elle dormit deux ou trois heures. Assis à son bureau dans la pièce à côté, je me suis alors lancé dans une mise en ordre de toutes mes notes depuis quinze jours.

Ni l'un ni l'autre, nous ne savions jusqu'à quel point tout était programmé, jusqu'à quel point le moindre caca compte quand il s'agit d'éduquer deux êtres à la lumière, en les faisant descendre au comble de la matière.

« Oh! Bernard..., Bernard, viens vite!

– J'arrive, j'arrive! » ai-je répondu en me précipitant, tant l'utilisation de mon prénom m'informait d'une urgence.

Oh, misère, quel spectacle! Du caca partout! Il y en avait partout! Et une immense désolation dans ses yeux : d'être descendue aussi bas et de m'imposer une pareille corvée. Elle ne pouvait plus désormais contrôler ses sphincters. Même le bassin devenait un confort, comparé à ce sentiment de souillure quand on ne peut plus retenir ses propres excréments.

Devant une telle horreur, il lui fallait faire un pas intérieur pour vaincre la souffrance et le malaise. Et c'est en reine qu'elle le fit, comme une magicienne transformant cet instant sordide en une gentille farce.

En un tour de main, elle dépassa ses pudeurs, ses

répulsions contre la saleté, acceptant de se montrer au comble de la dégradation physique. Quelle étape, pour elle : devoir confier à ce point son corps à un homme dans une si totale nudité!

Soudain, malgré la situation, son visage s'illumina :

« Jusque-là, chez moi, c'était la cafétéria. Eh bien, à partir d'aujourd'hui, c'est la cacarella. Il va falloir que tu t'occupes même de mes fesses. »

Grâce à ce caca magique, chacun dut grandir et chacun se prépara sans le savoir aux étreintes immenses qui allaient venir.

En m'entraînant jusqu'au bout de son intimité physique, elle se préparait à me conduire jusqu'au bout de son intimité psychique.

Et moi, n'avais-je pas toujours dit que, pour qu'elle m'enseigne le ciel, je devais la soulager des problèmes de la terre? Le « hasard » faisait bien les choses, vérifiant jusqu'où j'étais capable d'aller dans la matière.

Allons, allons, qui osera dire que tout n'est pas programmé!

Bien sûr, seul à la maison à ce moment de la journée, je dus faire une toilette complète avec changement de literie sans pouvoir compter sur personne. Il fallut que je la bouge, que je la tourne, que je la frotte : mille manœuvres réveillant en elle des douleurs intenses. Fâchée de m'imposer cette corvée, elle cachait ses souffrances. Fâché de réveiller ses douleurs, je chantonnais le nez dans son caca.

Il nous fallut de l'amour pour passer, un point c'est tout.

Après la conquête de la tendresse, ce fut le dépassement de la pudeur et de l'hygiène maniaque. Non, vraiment, on ne choisit pas sa mort, ni les épreuves de son agonie. Puisque notre fin est faite de tout ce que nous n'avons pas fini.

C'est dans la soirée, traditionnel moment de l'arrosage, que la troisième épreuve pointa son nez.

Gitta avait appelé Patricia pour déterrer les géraniums et les replanter chez nous où ils seraient plus à l'ombre.

« Avec la chaleur, ils vont tous mourir, je le sens! » disait-elle.

Son amour viscéral pour la terre nous avait toujours touchés. Mais là, soudain, cela prenait des dimensions maladives. Alors même qu'elle allait mourir, alors même que nous faisions tout notre possible pour elle, ne voilà-t-il pas que, soudain, il nous faudrait passer trois heures à nous occuper de ses fleurs. Patricia trouvait cette souffrance disproportionnée et ce tourment bien inutile, au milieu des suffocations de ses pauvres poumons.

Entre deux moments de somnolence, Gitta se réveillait soudain en s'inquiétant de ses géraniums.

« Ça y est, ils sont à l'ombre? »

« Ça y est, vous les avez replantés? »

« Oh! Ne le faites pas vous-mêmes! Demandez au jardinier. »

Patricia, embarrassée, ne savait trop quoi faire : lui obéir et rassurer ses derniers jours, lui mentir, lui en parler ouvertement? Mais comment parle-t-on, à quelqu'un qui va mourir, de son problème de géraniums un peu dépassé?

Comment pouvais-je savoir, en arrivant deux heures plus tard, que la mort des géraniums était devenue la mort la plus importante de la maison? J'avais passé un temps fou au téléphone pour obtenir des médicaments très forts qui nous permettraient d'enrayer des crises plus graves. Et puis, résolu désormais à choisir la médecine qui soulage le corps, il m'avait fallu subir les sous-entendus de l'autre camp médical.

Tous ces soucis ne me mettaient pas d'humeur à parler géraniums.

En entrant dans la chambre, j'ai surpris l'embarras de Patricia; Gitta revenait à la charge :

« Coucoulou! Ça y est? Les géraniums sont replantés? »

Patricia était mal à l'aise. Ses précautions oratoires cherchant à ménager Gitta m'indiquèrent combien elle la pensait faible.

Non, il fallait lui parler comme nous l'avions toujours fait : aller chercher sa force, au lieu d'encourager sa faiblesse. Selon moi, c'est en ne trichant pas que nous l'aidions le mieux.

« Fous-nous la paix avec ton histoire de géraniums! Arrête de te faire du souci inutilement! Tu ne penses pas que tu as autre chose à vivre en ce moment? »

Les mots durent être forts, réveillant des images puissantes en elle. Car, à l'instant même, tout son visage s'est relâché, laissant apparaître un indéfinissable sourire de tendresse envers elle-même, que je ne suis pas près d'oublier.

« Tu as raison, mon vieux.

J'ai autre chose à faire. »

Elle venait en une seconde de se détacher de la souffrance de toute une vie. Jamais plus elle ne fit allusion à la sécheresse. Et son corps s'apaisa d'autant.

Le lendemain, il pleuvait à verse...

Les petites pensées vaincues : pipi-caca et géraniums... les grandes pensées allaient pouvoir régner.

Vendredi 22 mai

Mourir : le grand jeu du supportable

« CE N'EST PAS LA MORT QUI EST MAUVAISE, MAIS LA TÂCHE NON ACCOMPLIE. »

(p. 183)

C'EST Josiane qui, cette nuit, est restée auprès de Gitta. Maintenant, d'heure en heure, les étouffements s'aggravent, et sa respiration, de plus en plus courte, l'épuise.

« Le corps a des lois inévitables.
Note ce que je te dis, Josiane.
La vie est si simple, si simple.
Ce matin, je suis comme une raconteuse,
la vie est formidable.
Pas de cacarella, je ne suis pas à ce niveau.
Il n'y a pas de petites pensées qui entraînent vers le bas.
Alors je vois tout qui s'affirme;
ce n'est pas moi qui raconte, tout en le racontant. »

« Quel dommage, me dira Josiane le lendemain, je n'ai pas su lui poser des questions, pas su lui faire décrire ce qu'elle voyait. » Une chose est certaine, ma Gitta, ce n'étaient plus les *Dialogues* de Hanna, mais bien les tiens, venant couronner toute une vie au service des Anges.

Il fallait le voir pour le croire; alors que sa respiration bruyante devenait de plus en plus courte, elle trouva encore la force d'ajouter :

« Ce matin, j'ai l'impression de pouvoir respirer grand.

Respirer grand! Tu te rends compte, sans contrainte.

J'ai rencontré la vie et ça me fait respirer.

J'ai rencontré la vie, d'une façon vraie,
resplendissante.

La vie me fait respirer.

La vie n'a rien à voir avec le corps qui meurt

Quelle heure est-il?

– Il est quatre heures et quart.

– Ah oui, c'est quatre heures.

L'heure où l'on voit toujours bien.

C'est facile de trouver les mots de vérité à cette heure-là.

Je ne veux pas prendre de trinitrine. Ça me soulage, mais ça me donne la nausée. »

La trinitrine qui ne fait plus effet, qu'allons-nous lui donner à l'avenir?

Vers huit heures, toute notre petite équipe est au complet pour la toilette. Patricia de son côté a commencé son stage.

Ce matin, Gitta est bouche ouverte, en permanente recherche d'oxygène, prostrée dans son lit tant, au moindre mouvement, les douleurs thoraciques deviennent violentes.

Au prix de mille acrobaties, nous parvenons à changer les draps et la chemise de nuit, et à nettoyer ce corps qui n'en finit plus de dégringoler. Après la toilette, et profitant de ce qu'elle était couchée sur le côté, je lui fis un massage du dos, des fesses, des pieds. Gitta semble ravie, cela lui fait tant de bien.

Avec mon massage j'eus l'impression de l'aider à

respirer, peut-être autant que la trinitrine. Quelque chose passait de mes mains à son corps, quelque chose de l'ordre du léger et du lent, alors que tout son être souffrait une respiration lourde et rapide. Oui, c'est ça, c'est mon rythme qui lui faisait du bien en calmant un peu le sien.

Cela fit tant d'effet d'ailleurs qu'elle s'est endormie en cours de massage. Sa respiration en permanence bruyante était redevenue un râle grave, indiquant la fin du combat contre les étouffements.

Quelques dizaines de minutes passèrent avant qu'un son aigu me signale son réveil et la reprise des hostilités respiratoires.

« Où es-tu, mon ours?

– Je suis là, je suis là, j'arrive!

– Tu sais, avec la mort
viennent aussi les fausses informations.
Elles proviennent de la lutte du corps.
Il souffre, mon pauvre petit corps,
mon bon serviteur.
Le corps souffre,
alors il donne de fausses informations.
Il donne comme il peut, le pauvre, à son niveau.
Les souffrances d'étouffements,
c'est un jeu de vérité et de mensonge,
où corps et esprit se disputent le pouvoir d'information. »

A côté, Josiane chantonne en mettant de l'ordre dans la maison. De temps à autre, elle entre dans la chambre pour donner des gouttes, prendre la température ou changer le gant de toilette.

Gitta, malgré son état, l'observe profondément.
« Écoute! C'est fantastique.
Josiane chante en travaillant.
Elle chante en me soignant.
Elle n'est pas compassée.
C'est bon pour un futur mort :
il suffoque moins;
il étouffe moins.
Tout cela, c'est le SCÉNARIO.
Mesure!
Mesure, mon vieux,
comme c'est fantastique, le chant.

– Oui! Où le vois-tu encore, le Scénario? Montre-moi, je suis si aveugle comparé à toi. Je le sens, le chant qui te soulage, comme la main qui te soulage... C'est un autre rythme.

– Tout peut suffoquer, tout peut étouffer.
Chacun étouffe de quelque chose;
même toi avec ton Art'As, tu es en danger.
Mais vient ce qui chante,
ce qui est sans pitié.
Et l'on suffoque moins.
Cherchez CE QUI CHANTE SANS PITIÉ.
Cherchez toujours!
...
Écoute!
Avec Christine V.R. vient ce qui chante pour toi :
elle t'apporte ce qui te manque
et tu n'étoufferas plus dans de petites limites :
petit Art'As.
Elle vient pour que tu respires
et pour qu'elle grandisse aussi,
ET CELA VA CHANTER SANS PITIÉ.

– Ah oui, je comprends! C'est ça, son rôle antisuffocation! Comme c'est précis, tout ce Grand Jeu!

– Oh oui, précis.

Il y a de grandes perspectives avec Christine V.R.
Elle est une potentialité propre.
Avec elle, il n'y a rien à nettoyer.
Prends garde, mon ours!
Vient aussi ce qui veut t'exploiter,
ce qui chante pour te séduire.
Là où il faut beaucoup nettoyer,
renonce! »

Est-ce la fatigue de parler? Toujours est-il qu'une crise la submerge soudain. Il nous faut recourir à la trinitrine pour essayer de la calmer un peu. Et je suis là, assis à côté, impuissant... terriblement impuissant.

Ce matin, j'ai peur de la suite, peur de son agonie. Jusqu'où ira-t-elle? Jusqu'où pourrai-je tenir à l'entendre souffrir?

Mais quelle est la part de mes propres angoisses dans les souffrances que j'interprète? Est-ce de ses douleurs ou des miennes dont je vous parle? Est-ce de sa mort ou de ma vie dont il est question? Oui, c'est ça, tout rebondit sur chacun, comme un impitoyable jeu de miroirs.

Pendant quelques instants, je la regarde dormir. Le combat a cessé, le râle respiratoire est revenu dans les graves. Je vois bien que cela me soulage autant qu'elle. D'immenses bouffées d'amour me traversent par vague. Elle a tant aidé mon enfance à grandir un peu.

Nous voilà encore tous les deux sur une route, la dernière. Nous sommes bien seuls, je dois dire, face à ce monde qui meurt autrement.

A-t-elle entendu ma souffrance intérieure, ma solitude? Toujours est-il qu'elle ouvrit un œil :

« Ce matin, je vois que tout est faux,
et c'est en même temps la béatitude complète.
Mais cette béatitude ne parvient pas à me traverser,
à transpercer mon corps déjà trop mort.
Alors elle reste secrète, incommunicable,
mais elle EST.
Avec la mort,
il y a d'un côté le livre de la Gloire inexprimable
et de l'autre mon corps, le livre des douleurs de la terre.
C'est étrange de quitter son corps,
de ne plus pouvoir le contrôler.
Car il faut choisir
entre les deux livres.
Tu sais, la gloire est atténuée
par les informations corporelles :
la lutte du corps.
Tant que les informations corporelles sont supportables,
elles n'effacent pas toute la gloire.
Tu comprends?
La douleur efface toute gloire.
Mesure!

– Ah ça, comme c'est simple à comprendre et si lourd de conséquences...

– Mais bien sûr, je ne crache pas des vérités.
C'est seulement l'évidence,
l'évidence simple,
c'est ça l'ordinaire.

– D'accord, d'accord, ne t'emballe pas! Je ne suis pas en extase devant ta grande sagesse.

– Tu sais, ma dégringolade,
c'est tellement visible que c'est programmé.
A quoi bon lutter! C'EST PROGRAMMÉ.
C'est en le voyant programmé
que je peux le supporter,
car ma mort devient une simple évidence ordinaire.
Écoute!
Parce que c'est dans le Scénario,
je peux dire : JE VAIS BIEN.
Tu te rends compte!

– Ça oui, alors! Et heureusement que c'est moi qui t'écoute, parce que le commun des mortels risquerait de te prendre pour une folle quand tu dis que tu vas bien.

– C'est pro-gram-mé.
C'est le Scénario.
Je ne comprends pas pourquoi,
mais je le sens.
Et cela suffit.
COMPRENDRE, C'EST RIEN.
ACCEPTER, C'EST TOUT.

– Comme c'est important! il n'est pas toujours nécessaire de comprendre ce qui nous arrive, puisque sentir le Scénario suffit.

– Mais bien sûr!
Puisque cela a du sens,
alors ce sens me porte
et je sers encore.
Et si je sers vraiment,
je n'ai plus à endurer
mais seulement durer.
PARCE QUE C'EST UN SCÉNARIO,
NOUS SERVONS.
Mesure!

Les forces sont données,
les forces sont reprises,
mais seulement quand elles n'ont plus de sens.
Tout ce Jeu est programmé.
La diminution de mes forces,
ce n'est pas agréable
mais si c'est programmé : C'EST SUPPORTABLE.
SI JE VIS LE PROGRAMME,
TOUT EST SUPPORTABLE.
C'est une autre mesure : un Grand Jeu. »

Il y a des instants incommunicables : j'avais sous les yeux un corps moribond et mes oreilles entendaient que c'était un Grand Jeu. En fait, plus sa chair souffrait, plus elle devenait la preuve vivante que C'EST POSSIBLE : la vie est plus forte que la mort.

Une nouvelle fois Gitta s'est endormie, épuisée.

Et je mesure l'amour qu'il lui faut pour me parler encore et avoir la force de mourir un peu pour moi.

En m'invitant ainsi à cette ultime visite, elle réveilla un torrent d'amour qui vint inonder sa chambre. Soudain le lieu fut empreint de sacré. Bientôt, il y eut tant d'intensité que mon cœur eut du mal à le supporter. Jamais sur terre, avant cet instant, je n'avais éprouvé l'amour à ce point. Tout devint brûlant, et cette chaleur puissante balayait tout sur son passage. La moindre petite pensée, comme les drames médicaux autour de sa mort, fut ramenée au rang de menu souci ridicule.

Soudain, je me sentis sourire presque malgré moi, sourire de toutes ces gravités inutiles qui veulent occuper nos vies dans l'espoir que cela nous donnera de l'importance. Soudain, ce fut encore plus étrange :

j'étais heureux de cette mort, heureux de cet instant... heureux tout court! C'en était incroyable.

Une fois encore, elle venait de me guérir.

J'apercevais les médecins dans le Scénario, donc ils devenaient supportables.

J'apercevais ma responsabilité écrasante dans le Scénario, donc elle devenait légère.

Alors que j'étais en train de remercier ciel et terre pour m'avoir offert une telle place, Gitta ajouta tendrement :

« Tu es entouré, mon petit corps,
tu es entouré d'amour, comme jamais
et cela te facilite la Tâche pour mourir.
Oui, oui, mon vieux!
L'amour lui facilite la Tâche.
Pouvoir respirer sans suffoquer,
c'est déjà énorme.
Tout votre amour m'y aide.
C'est si fort, l'amour.
Qui connaît la force de l'amour?
L'amour qui attend un enfant
qui va naître
peut être plus fort
que les douleurs de l'enfantement.
Cet amour aide ce corps à naître.
Il aide sa Tâche.
Eh bien, c'est aussi important
que l'amour qui accompagne le vieillard
qui va renaître.
Cet amour peut être plus fort
que les douleurs de l'enfantement
il aide encore sa Tâche. »

Gitta devenait de plus en plus intense. Maintenant

elle était les *Dialogues* vivants. Un mélange de force paradoxale et d'immense tendresse émanait d'elle.

Je vous le jure, assis à côté, on était soudain tenu en respect par ce petit corps fragile couronné d'une âme si puissante. Je vous le jure, à cet instant, c'était presque palpable.

« Donner à sa Tâche
toute sa force humaine.
TOUTE,
jusqu'à la dernière respiration,
c'est le fil à ne pas perdre.
ME DONNER AU SCÉNARIO,
VOILÀ TOUT CE QUI ME RESTE.
Aussi longtemps que l'on a quelque chose à donner,
on reste.
Même si c'est seulement sa force de vie.
On reste.

– Pour nous aussi c'est le même Jeu : suivre le Scénario ou lui résister. T'accompagner jusqu'au bout, ou souffrir de ton départ.

– C'est bon d'être ici, mon ours,
parce que vous jouez le Jeu avec moi.
Personne ne dit :
" Bon, c'est quand que cela s'arrête, tout ça? "
Tout le monde joue le JEU,
jusqu'à mon dernier souffle.
Vous êtes dans le Scénario
et nous jouons ensemble.
N'accompagnez pas ma mort
mais jouez dans la vie du Scénario! »

Une nouvelle crise vient la surprendre. Son corps de plus en plus faible ne peut plus lutter. Sa respiration devient saccadée, sifflante, insupportablement... Ce n'est pas si facile de vivre le Scénario. D'être avec lui, au lieu de lui résister. C'est contre mes doutes qu'il me faut lutter, mon étouffement à moi. Contre cette fâcheuse tendance que nous avons toujours de vouloir l'ordre des choses selon notre volonté.

Maintenant Gitta parle les yeux fermés :

« Je n'ai plus la force de demander que l'on aide mon corps. Faites pour le mieux!

– Veux-tu que l'on arrête tous les médicaments, que l'on change de traitement?

– Mais non, faites pour le mieux! Cela n'a pas d'importance, comment on me soigne. Aucune. »

Patricia, lors d'une pause de son stage, est passée prendre des nouvelles. Debout dans la chambre, elle observe en silence Gitta en train de dormir enfin.

Soudain, malgré son extrême faiblesse Gitta ouvrit un œil. A la vue de Patricia, elle sembla réveillée d'un coup. Un court instant, elle la transperça du regard.

Spectaculaire renversement des choses! N'était-elle pas en train de mourir au point de ne plus pouvoir demander pour son corps? Et voilà que maintenant elle ne comptait plus. Seule l'authenticité du service de Patricia était importante à ses yeux. Une fois encore le Serviteur du haut venait de vaincre sous nos yeux la mourante du bas, et ses dernières forces furent tournées vers nous :

« Ça y est, mon stage a commencé, tu sais!

– Bien sûr que je le sais.

– Je les fais travailler en couple.

– Apprends-leur le goût de la découverte du Scénario.

Qu'ils jouent, qu'ils jouent!

Qu'ils jouent à trouver leur propre Scénario.

Qu'ils s'éduquent à ce goût.

Sinon on moisit sous les jugements. »

Soudain, Gitta fut prise par une horrible quinte de toux, qui lui arracha de petits gémissements de douleur. Son corps en fut secoué des pieds à la tête.

Alors l'incroyable se produisit sous nos yeux.

Tandis que les brûlures thoraciques la faisaient grimacer, au lieu de serrer les poings, elle ouvrit ses mains au ciel. Ce geste paradoxal au milieu de ses souffrances incarnait à lui seul la force de sa foi.

Non, vraiment, aimer Dieu, ce n'est pas une mince affaire, et ses mains grandes ouvertes me le faisaient vivre en direct.

Aussi brutalement que c'était arrivé, la toux cessa. Et Gitta put alors murmurer :

« Maintenant, je suis tranquille.

Je sais que je vivrai
aussi longtemps que cela a du sens.

La durée ne dépend pas de moi,
c'est reposant.

Je craquerai quand il faut.

Je ne craquerai pas par hasard.

C'est une très grande chose de le sentir. »

Je pris soudain conscience que nous faisions partie du sens : que ses crises, son agonie, jusqu'à son plus simple pipi-caca en étaient chargés, pour moi, pour Patricia, pour tous ceux qui l'approchaient.

Bref, nous étions bel et bien dans ce « hasard organisé » qui maintient ou épuise le sens de la vie; appelant ou retenant la mort.

« Ma Gitta, mais... nous aussi nous pesons sur ce " hasard organisé "! Nous aussi nous interférons sur le : " quand il faut " de ta mort! »

Cette évidence me bouleversa : être mêlé à ce point à la mort de ceux qui nous sont proches! Il y avait là une sorte de continuité invisible des cœurs, une sorte de solidarité essentielle créant un tissu spirituel entre les êtres. Un tissu d'ailleurs aussi exaltant qu'effrayant, si l'on songe à tous ces mourants que les vivants retiennent uniquement à cause d'un sens qui n'en finit pas de s'épuiser.

Continuant mes pensées, Gitta reprit :

« C'est un grand mystère :
l'instant où le cœur cesse de battre,
cela ne dépend pas de nous,
mais du Jeu du sens.
Tu te rends compte!
LA MORT NE DÉPEND PAS DE NOUS.
C'est cela qu'il faut accepter.
C'est cela qui donne une immense grandeur à l'événement. »

Gitta plongea ses yeux dans les miens. Elle regarda si loin à travers moi que mon âme en fut saisie d'effroi. Soudain la chambre devint un lieu de vérité absolue et d'une intimité ultime. Plus personne ne pouvait tricher, ni elle, ni moi.

Dans un silence et une immobilité presque totale, ces yeux poussèrent le sens à surgir, miroir sans fin reflétant le moindre détail. Je me sentis fouillé comme jamais, incapable de cacher quoi que ce soit.

Bientôt, il n'y eut plus qu'une seule issue : accepter la transparence.

Je la sentais me lire de long en large, faisant céder le mensonge petit bout par petit bout. A un certain moment j'en vins même à me percevoir comme un immense non-sens : une fausse identité. Et puis cela bascula, comme si, en reculant, le mensonge laissait au sens un peu de place.

Ah, ces yeux! Ces yeux! Me poussant à vivre un étrange état de conscience où soudain tout devenait faux partout... partout. C'est drôle à dire, mais ce fut comme si la vérité commençait seulement à exister dans cette chambre.

Seul le vocabulaire amoureux pourrait vous faire alors approcher notre étreinte.

Deux amants faisant l'amour, au plus haut point, quand la dimension charnelle n'est plus qu'une anecdote; deux amants s'interpénétrant l'un l'autre, tant la mort, la sincérité, la transparence totale transfiguraient cet instant.

De toutes les forces qui lui restaient, elle fit glisser une main jusque vers la mienne. Et ce tout petit contact devint un embrasement, comme si des vannes d'amour, jusque-là fermées, se mettaient à s'ouvrir entre nous. Quelque part, j'ai même eu peur que tant d'amour soit possible.

Nos deux vies vinrent se concentrer dans nos deux mains unies. Tout l'univers semblait passer par ce point. Et mon cœur battait à tout rompre.

« Mais alors! Mais alors, il me faut comprendre le plus vite possible pour abréger tes souffrances. Tant que ta vie a encore du sens pour moi, je te retiens sur terre : je contribue à tes douleurs. C'est nous tous qui te retenons avec notre romantisme affectif.

– Mais oui! Tous!
C'est le Grand Jeu du sens.
Et le sens s'épuise lui aussi.
Quand il n'y aura plus de sens,
je craquerai.
Cherche! Cherche, mon ours!
Que chacun cherche, pour lui, le sens.
Si tu trouves du non-sens : c'est faux.
Si tu trouves du sens : c'est bon.
Il faut chercher le sens,
toujours chercher le sens
car c'est la vie. »

Devant ce ton si calme, si paisible, alors que vraisemblablement elle apercevait combien c'était à cause de moi, à cause de nous qu'elle était encore sur terre, j'ai mesuré soudain une impensable dimension d'amour. Nous, ses bourreaux inconscients, elle ne nous en voulait pas. Elle avait même une certaine tendresse à notre égard, comprenant que notre monde émotionnel la retienne et lui fasse endurer un temps de vie supplémentaire. Ce fut comme si je pressentais des sommets de pardon et d'amour, mais aussi l'incroyable neutralité qu'il est attendu de nous face aux mourants.

Pendant quelques instants défilèrent en moi des sentiments d'une autre dimension, semblant m'indiquer qui je pourrais être. C'était comme une langue étrangère, une intériorité inconnue, une façon d'être si différente que nos mots ne peuvent pas la décrire.

Alors une immense brûlure d'amour me submergea à nouveau, comme si mon être entier prenait conscience de la chance qu'il avait de vivre de tels sentiments.

Tout le reste se passa sans un mot, et le jeu du sens s'intensifia encore.

J'étais bien devant une autre humanité possible pour moi-même; une humanité si différente qu'il me sembla en comparaison avoir toujours été un tout petit enfant.

De mon autre main je lui ai caressé la tête longuement et j'ai pleuré en silence, de ces larmes qui nous lavent si profondément.

« Mon ours, c'est bon d'être avec toi.

Est-ce que tu as appris quelque chose de moi?

– Oh oui, une très grande chose. Tu m'as offert un immense cadeau : l'indépendance. Accomplir ma propre voie, au lieu de copier celle des autres. Et pousser ceux que j'aime non pas à me répéter, mais à trouver leur forme, à leur tour. Ça, c'est immense.

– C'est la fin de la mère possessive qui a fait tout ça. La fin de Gitta possessive. »

Elle faisait allusion à une période de notre relation où une crise très forte nous avait secoués. J'avais dû alors prendre mes distances avec la « mère possessive », comme Gitta s'était baptisée elle-même.

Soudain, j'eus un grand remords pour ma violence à cette époque. Comme tout cela me paraissait déplacé, en comparaison de l'amour qui régnait ce jour-là entre nous!

« Quelle connerie, quand même, toute cette histoire! Tu sais, aujourd'hui je le regrette vraiment, ma Gitta.

– Tu es bête! Tu es un grand bébête!

C'était nécessaire.

C'était le Scénario.

TOUT LUI APPARTIENT, TOUT.

Pas de regrets, c'est un manque de foi. »

Malgré une nouvelle crise d'étouffement, malgré son corps qui se tend pour aller chercher de l'air, elle murmure encore :

« Tu sais, je suis tranquille.
L'heure de ma mort
ne dépend pas de moi.
JE LUI APPARTIENS DÉJÀ
et je suis devant de très grandes lois.
APPARTIENS-LUI!
Ne regrette rien!
Alors tu verras.
Je suffoque.
Mais cela ne dépend plus de moi.
Je suis déjà ENTRE SES MAINS.
Tu entends : ENTRE SES MAINS!
C'est immense!
C'est si grand! »

Ses mains étaient grandes ouvertes, pendant que ses poumons s'arc-boutaient sur un filet d'air. Soudain elle écarquilla les yeux. Pas de doute, elle vivait ailleurs un voyage invisible. Son corps étouffait certes, mais pas son cœur.

De la voir ainsi, victorieuse, eut pour effet de remplir la chambre d'une vibration de paix. Par simple contagion, ses étouffements me parurent ridicules. Je ne pouvais pas en souffrir tant je voyais ses yeux et ses mains comme des signes de victoire.

Tout devint douceur et tendresse. Il n'y avait rien dans cette nouvelle humanité, rien à comprendre : le cerveau était arrêté.

Tout était à vivre, seulement à sentir comme si un goût instantané provenant de partout à la fois envahissait tous nos sens.

Le torrent du silence était en crue.

Sans même que j'y prenne garde, c'était son voyage invisible qui m'avait poussé là. Que s'est-il donc passé entre nous pour que je me retrouve au milieu d'une telle vie? Contagion de lumière, transfusion de paix? Cela s'est seulement gravé dans mes cellules, un point c'est tout.

Dehors la nuit tombe. Tout me semble à l'unisson, plus rien n'est séparé du reste.

« Oh, ma Gitta! La nuit tombe, tu sais.

C'est l'heure de la paix, la grande paix qui recouvre tout. Écoute! Les oiseaux s'arrêtent, les arbres s'immobilisent.

Là, maintenant, je sens la grande paix de TOUT et je suis cette paix.

– Oh oui, IL est là.

Profite, profite de cette paix;

elle t'est offerte

POUR QU'ELLE SE GRAVE.

C'est grand, hein!

Tu sens comme c'est JUSTE.

C'est à temps pour nous deux.

On le voit bien,

TOUT EST EN ORDRE.

– Tu sais, il y a dans cette chambre une île de paix au milieu du monde en guerre. C'est incroyable autant de paix! Autant d'ordre!

Oh! mon Dieu, comme je suis moins vivant que toi! »

Alors il se produisit une autre communion entre nous. Je sentis le rôle de ma propre paix agissant sur son corps, sur tout son être. Je sentis que ma paix l'aidait, que cette sincérité ultime l'accompagnait mieux que tous les médicaments.

Alors un Jeu singulier s'installa, une sorte de va-et-vient entre ma paix et son corps mourant. Le Jeu devint bientôt si grand que j'eus l'impression que nous n'étions pas séparés.

Gitta s'endormit en douceur. Un long moment je suis resté là, pour accompagner son sommeil de ma paix.

A peine sorti de la chambre, c'est l'épuisement nerveux qui vint m'envahir.

J'étais heureux, si heureux mais si fatigué, comme un petit bonhomme essoufflé par l'escalade de tous ces sommets.

Nuit de vendredi à samedi

« Dieu, prends-moi, je suis d'accord! »

« N'AYEZ PAS PEUR SI L'ENVELOPPE SE DÉCHIRE :
CE QUI NE SERT PLUS DOIT DISPARAÎTRE.
PERDRE L'ENVELOPPE NE FAIT PAS MAL.
NE REGRETTEZ PAS L'ENVELOPPE –
CAR LE GERME VIT! »

(p. 326)

MAINTENANT la trinitrine ne fait plus aucun effet. Malgré les piqûres, les crises d'étouffement se succèdent presque sans interruption.

Épuisé, je suis allé me coucher.

Bien sûr, ces yeux qui ne s'ouvrent plus m'inquiètent. Et puis, il y a aussi cet insupportable râle permanent qui nous déchire sans cesse les tympans. En partant, je laisse quelques consignes à Josiane, venue me remplacer pour la nuit :

« Tu prends bien par écrit tout ce qu'elle dit. Et puis surtout n'hésite pas à lui poser toutes tes questions, même dans son état, c'est très important. »

Je le sens, nos questions la portent; notre sincérité l'aide à s'élever au-dessus des souffrances du corps. Tournée vers nous, elle vit mieux le temps qui passe. N'est-ce pas la seule mission qui nous reste pour l'accompagner?

D'ailleurs, ce n'est pas simple comme exercice! Attention aux questions vides, aux questions intellectuelles ou compassées, aux questions qui alourdissent sa mort plutôt que de l'alléger.

Attention, attention! L'enjeu est immense : ou bien cette mort nous sert, ou bien nous pesons sur Gitta.

Plusieurs fois durant la nuit elle se réveilla. Elle revint sans cesse au même thème, comme s'il ne quittait pas un instant son esprit :

« Ce qui donne le grand calme,
c'est la LOI.
Quelle est cette loi?
Personne ne peut savoir
le moment où le cœur s'arrête.
On ne peut jamais le savoir.
Ça, c'est l'affaire de Dieu
Ça, c'est LA LOI
et celui qui l'accepte connaît le grand calme.
– Mais comment peut-on l'accepter?
– C'est le mystère du cœur.
Le cœur,
c'est Dieu qui bat en toi
ou qui ne bat pas en toi.
MAIS CE N'EST PAS TON CŒUR.
C est tout! »

Il est une heure du matin. Gitta tire un peu sur l'encolure de sa chemise de nuit pour essayer de mieux respirer. Soudain, au milieu des étouffements, elle trouve la force de dire faiblement :

« C'est d'accord!
Si Dieu veut que mon cœur s'arrête,
C'EST D'ACCORD! »

Nul doute, c'est bien à Dieu lui-même qu'elle s'adresse! Elle a compris SA loi, elle le LUI fait savoir. A bout de forces elle s'endort enfin, pour se réveiller un peu plus tard dans une nouvelle crise

Deux heures quarante :

« Je le sais :
mon cœur va s'arrêter.
Il va s'arrêter quand il faut.
Cela ne dépend plus de moi.
Quand il faut : c'est LUI qui le sait
Tu vois, je suis soulagée... »

Josiane me confiera plus tard combien ces instants l'ont profondément marquée; combien la patience de Gitta, sa si grande confiance dans l'ordre des choses étaient impressionnantes. Et puis ce corps à l'agonie accompagné d'un flot de mots en paix...

Il est quatre heures, une nouvelle crise survient. Ses cordes vocales tirent vers les aigus, trahissant la présence du combat.

Il est quatre heures, Gitta Mallasz a encore le choix : suivre l'enfer du corps, ou rejoindre le berceau de l'esprit.

« J'ai encore la force de TE dire :
" Prends-moi, je me donne! "
Je peux encore faire don de ma vie.
Ne pas mourir bêtement,
voilà, c'est toute la dignité qui me reste. »

C'est encore à LUI qu'elle s'adresse. Dorénavant, c'est avec LUI qu'elle passera tout son temps. Les hommes, elle les quitte déjà. Bien sûr, ils peuvent encore assister à ce début d'intimité. Bien sûr, elle nous l'offre consciemment. Elle LUI parle pour LUI dire où elle est. Et que, l'ayant reconnu, IL puisse venir la chercher.

« Je peux encore TE dire :
prends-moi!

Je fais don de ma vie.
Je ne mourrai pas bêtement en m'oubliant.
Voilà la mesure;
prends-moi, quand tu veux!
C'est ma dernière dignité humaine.
Donne ces notes à Bernard.
Donne-les-lui, pour qu'il entende. »

Elle LUI parle encore. Ils se rapprochent. Plus son corps souffre, et plus il lui faut gravir des sommets de dignité : se donner.

A cinq heures et quart, elle se réveille une nouvelle fois. L'état de crise est devenu permanent. Seul l'épuisement lui permet de se reposer de courts instants.

« Le corps est épuisé par une nuit de lutte.
Écris-le clairement!
Dieu fait battre encore ce pauvre cœur.
IL A SES RAISONS...
... Tout a un sens très profond,
même la durée d'une respiration.
Je ne le comprends pas;
d'ailleurs, comprendre, c'est si peu.
Mais je sens la profondeur.
Sentir, cela seul suffit.
Dieu seul comprend.
... JE SENS TA RESPIRATION. »

Comment en douter d'ailleurs! Elle qui sur terre étouffe, que peut-elle sentir d'autre que Dieu respirant en elle? Que sommes-nous capables d'entendre, nous qui, tout de suite, cherchons à comprendre?

Dehors, les oiseaux se réveillent. Le silence de la nuit prend fin, et les lueurs du jour commencent à poindre. A-t-elle senti tout l'univers dans sa respiration?

A-t-elle confondu sa vie et la vie au point de tout VOIR?

« Écoute! Écoute!

La grande respiration, c'est la vie.

Écoute la vie : le chant des oiseaux.

Les oiseaux savent tout :

ils dansent.

Écoute bien les chants! »

Qu'entend-elle vraiment? Quelle mesure, quel rythme lui parvient aux oreilles? A cet instant, elle semble se nourrir du mystère de la vie qui renaît chaque matin, après la longue expiration de la nuit. L'approche de la mort lui donne accès à la transparence des choses.

« Oh! Écoute attentivement!

Comme la vie chante!

Comme la vie danse!

Que c'est beau! »

Soudain au cœur de toute cette harmonie délicate, un oiseau traversa l'espace à tire-d'aile, en poussant un effroyable cri dissonant.

Au milieu de ses râles, Gitta eut un sourire. Mais qui donc sourit encore aux portes de sa mort grâce au chant d'un oiseau?

« La voilà, c'est la vraie note.

La note de la vie.

Il faut cet oiseau.

Il faut cette note pour que la vie soit.

Le sais-tu?

Quand tu me soignes en chantant,

Josiane, tu es oiseau. »

Dans la ferme voisine, une oie se met soudain à crier.

« Oh toi, tu n'es pas oiseau!
Tu n'es plus oiseau.
Tu ne sais plus chanter. »

Et puis le concert des moineaux, des mésanges, de tous les amis que Gitta nourrissait chaque hiver reprit.

« Écoute! Écoute les chants!
Je ne sais pas où est le chef d'orchestre des oiseaux.
Écoute! (Silence se remplissant du concert.)
Comme ils se respectent!
Comme ils se respectent dans leur chœur
...dans le cœur!
Et cette oie!
Tu n'es plus très douée pour la musique, toi!
ON DIRAIT QUE DIEU S'ÉCOUTE.
Comme c'est difficile pour moi
d'assister à un tel spectacle.
Mon instrument, mon corps, est mal à côté.
Il est défectueux, il est usé, mon instrument.
Il ne sait plus chanter la vie.
C'est avec le corps
que l'on chante la vie.
Si le corps ne chante plus,
alors, il fait mal.
Tu sais, le corps est très intelligent,
il aime être soulagé... pour chanter.

– On ne vous soulage pas assez, Gitta? s'inquiéta Josiane.

– Dieu décide pour l'arrêt de mon cœur,
et je suis d'accord.
Et vous décidez pour me soulager.
Si on peut me faire moins suffoquer,
c'est encore mieux. »

Samedi 23 mai

La vie a envie de notre génie

« ... LE VERBE EST EN VOUS.
CHERCHEZ, CHERCHEZ SANS TRÊVE!
CELUI QUI CHERCHE TROUVE...
PERSONNE NE PEUT VOUS L'ENLEVER,
MAIS VOUS, VOUS POUVEZ LE DONNER.
LE MONDE A SOIF – EN VOUS LA SOURCE... »

(p. 261)

CE matin, Josiane est inquiète. La nuit a été si difficile, Gitta s'est battue sans relâche. Il nous faut envisager tous les moyens possibles pour l'apaiser.

Heureusement, notre ami Carle, médecin à Albertville, vient habiter chez nous dès dimanche soir.

Et puis cette multitude d'appels de ses amis venant s'enquérir des dernières évolutions. Comment leur expliquer, à tous, cette autre mort à laquelle nous assistons? Comment leur expliquer que leur Gitta n'est peut-être pas la femme banale que certains d'entre eux persistent à voir?

Vraiment, comme soudain cela devient évident! D'un côté il y a ce gentil babillage humain, plein de bonnes manières et de civilités, et de l'autre l'exigence puissante des mots du feu, sans détours ni besoin de plaire. Ce matin le monde me paraît fou. Eux, ils n'y sont pour rien. C'est elle, en mourant, qui nous mesure impitoyablement.

Plus que les autres jours, la souffrance de Gitta me fait vaciller intérieurement. Jusqu'où puis-je exécuter toutes ses volontés? Je me sens de plus en plus responsable. En arrivant dans sa chambre, je constate que son corps n'est plus qu'un poids mort. Et ce n'est pas un luxe d'être trois pour lui faire sa toilette et changer son lit. Combien de temps tiendrons-nous ainsi? Chacun est déjà si fatigué. Jusqu'où ai-je le droit d'entraîner mes amis?

Plus que jamais, je doute.

Mais dès que je lui propose l'hôpital une nouvelle fois, elle s'écrie d'une voix qui balaie toutes mes incertitudes : « Ne m'abandonne pas! »

J'ai définitivement la conviction qu'il faudra qu'elle meure dans son lit, entourée de tout cet amour si important à cet instant-là.

Je m'installe à côté d'elle pour faire mon courrier.

« Tu sais, je suis étonnée.

Jusqu'où vais-je descendre encore?

Je suis étonnée que la force me soit encore donnée pour vivre.

Alors mon vieux, raconte-moi des choses.

Qu'est-ce que tu fais?

– Je lis les dialogues qu'ont les gens avec leur Ange. Tu sais, ce groupe dans Art'As qui m'écrit ses dialogues. Je suis vraiment étonné par la qualité de leurs messages. C'est si fort, si sincère, sans le moindre romantisme New Age. Tu veux que je t'en lise un ou deux?

– Quelle question!

– Tiens, écoute celui-là au sujet du désordre :

" Mon Ange, il y a un tel désordre dans mon couple, montre-moi comment m'en servir?

– Le désordre est le royaume
des futurs souverains.
Il est épreuve pour qu'il soit reconnu.
Seul celui qui met en ordre
sera couronné Roi.

Chaque désordre t'apprend une force.
Vive le Roi! »

– Pas mal, quand même! Ah, oui, il y a aussi celui-ci, sur l'adultère, la trahison d'amour. Il y a tant de pureté chez eux que la pureté leur répond :

« Mon Ange pourquoi m'a-t-il trahi à ce point? Qu'est-ce qu'un traître?
– Après le temps des fidèles
vient toujours le temps des traîtres.
Qu'est-ce qu'un traître?
Un enfant perdu
qui pour exister
doit se séparer de toi.
Sa différence est nécessaire,
autant pour lui que pour toi.
Il est traître
pour survivre,
mais aussi pour te faire grandir.
Pauvre petit enfant perdu!
A n'importe quel prix,
il faut bien qu'il existe.
Et tu t'acharnes contre lui.
Apprends le vrai silence.
Apprends la vraie immobilité.
PARDONNE AU TRAÎTRE. »

– Quelle beauté quand même! Je ne suis pas sûr qu'ils entendent vraiment tout ce qu'ils ont écrit.

– C'est à cela que tu sers :
ouvre-leur les oreilles!
montre-leur de quoi ils sont capables!
Le beau, c'est cela qu'il faut retenir;
cette Beauté : retenez-la!
Gravez-la en vous!

...

Tu fais un bon boulot, mon vieux.
Non pas expliquer les *Dialogues*
mais leur faire vivre les leurs.

– J'essaie, ma Gitta, j'essaie! Tu sais, beaucoup m'étonnent. Ils vivent l'Ange sans hystérie; comme une simple discussion avec leurs intuitions sacrées. Ils sont tellement sincères que parfois cela me bouleverse. Et puis, il y a tous ceux qui tâtonnent. Avec ceux-là aussi c'est passionnant. Car on ne peut jamais rien dire, on peut seulement leur offrir de la patience et de la persévérance.

– Oui, persister.
Tout est là.
Combien de temps nous persistons,
cela ne dépend pas de nous.
C'est une très grande chose qu'il faut respecter.

...

Persiste, mon ours, persiste!
Sers-les, c'est dans ton Scénario.
Tu es né
pour les faire vivre avec leur intensité.
C'est TA Tâche. »

Une question me brûle les lèvres depuis ce matin : pourquoi persiste-t-elle encore? Et comme nous tournons autour du sujet, je trouve enfin le courage de demander à voix haute :

« Ma Gitta, est-ce que tu sens pourquoi tu persistes encore sur terre?

– Oh, non, c'est trop grand!
Ta question est impossible.
Je ne peux que l'accepter.

C'est tout ce que je peux faire. »

Elle s'est endormie en boule. En ouvrant le courrier, je m'aperçois que depuis huit jours nous laissons s'accumuler celui de Gitta. Faudrait-il nous en occuper?

Par un de ces « hasards » inexplicables, Gitta se réveille soudain :

« Réponds à mon courrier, mon ours. Écris que j'ai eu un infarctus, que je n'ai plus le temps de répondre. Dis-leur que je dors; que mon temps est devenu sacré.

– Ah ça, c'est sûr! Dans ta chambre, le temps est devenu sacré maintenant. Le moindre détail respire le sacré.

– Avec la fin naît le début de toute chose;
le temps sacré,
c'est l'ordinaire qui devient sacré,
et cela suffit.
Même pipi-caca devient sacré.
Tu te rends compte! C'est un sommet.

– C'est impossible de ne pas le sentir. Tu es tellement contagieuse. Je sens le souffle du sacré partout sur l'ordinaire de ma journée. Rien à voir avec le sacré que l'on mime. Non, là il est naturel, vécu du dedans.

– Mais bien sûr!
Le sacré, c'est le chant sans pitié
des choses,
le chant sans émotions
des petites choses,
c'est cela qui est sacré.

– Tu vois, il faut le vivre pour pouvoir le dire, ma Gitta, mais je suis vraiment bien auprès de ta mort. »

Tout devient ultime, maintenant. Tout devient sincère, on n'a plus la place pour tricher. Vois-tu, il n'y a rien. Et pourtant tout le reste me paraît mort à côté. Jamais je n'ai été aussi vivant. »

D'horribles odeurs ont brusquement envahi la pièce : un nouveau pipi-caca sans doute. Au comble de la matière, au comble de l'ordinaire, c'était bien un nouveau couplet du chant sans pitié qui semblait s'annoncer. Seul, comment ne pas la faire souffrir en la manipulant pour la changer? Malgré mille prudences, il me fut impossible de ne pas la faire gémir. Et je me suis blessé moi-même en l'entendant.

« Dieu me fait vivre
aussi longtemps qu'il LUI plaît.
C'est cela le sacré.
La vie est sacrée pour cela.
Il faut donner au cœur toutes ses chances,
jusque dans le moindre pipi-caca.
Seul le cœur sait reconnaître le sacré,
tu vois!
Hein, on le voit bien, le Grand Jeu!

– Je suis trop de la terre pour voir aussi bien que toi en ce moment. »

A côté de la chambre de Gitta, il y a une gamelle pleine d'eau où mon chien Campaï vient régulièrement boire dans un effroyable bruit de babines.

« Oh, écoute, c'est Campayou qui boit!
L'innocence a soif,
elle boit aussi longtemps qu'elle a soif,
c'est cela l'innocence.
Tout est en ordre.
Tu le vois, cette fois?
IL FAUT LE VOIR.

La vie qu'IL nous fait vivre
est restreinte à LUI.
C'est la seule loi.
IL FAUT LE VOIR
POUR LE CROIRE.
Admirez cette vie,
aimez cette vie,
c'est TOUT.
Admirez la vie qui coule
en chaque chose :
un pipi-caca...
un chien qui boit...
C'est le chant sans pitié.
Admirez la vie qui coule.
Admirez-la!
Car c'est toujours LUI.
...

Ça y est, mon vieux, je me mets à cracher des vérités. Je dois être vraiment malade.

– C'est impossible de voir tout ce que tu me montres. J'aperçois seulement quelques traces. Toi, tu as vécu Campaï en train de boire, moi je l'ai seulement entendu. Tu es décalée, ma Gitta, tu commences à voir, là où nous n'avons pas encore les yeux pour regarder. Tu sens l'ordre partout. Ce n'est pas la même humanité qui nous habite.

– Oh, mais moi aussi, je suis décalée.
J'entrevois à peine, tu sais.
J'entrevois à peine... c'est si grand!

– D'accord, mais ce que tu entrevois, nous, on ne le voit pas du tout. Nous, on ne sait pas encore que c'est « si grand ».

– Entrevoir, c'est pour soulager nos vies,

et cela soulage ma petite vie.
Comme c'est drôle!
Plus la vie est petite
et plus on entrevoit.
Comme c'est bon, si tu savais!
...
Tous les moyens sont permis, tu sais.
Oh! mon Dieu... mon Dieu! »

Gitta entre alors dans un étrange silence. Malgré ses yeux fermés, je sais qu'elle ne dort pas. Au contraire je sens qu'elle vit, qu'elle vit si intensément que cela en devient presque palpable. Sa respiration toujours aussi rapide ne siffle plus. Nul doute, elle est ailleurs, et sa vie si petite entrevoit sûrement ce que ma bonne santé ne peut qu'ignorer.

« Mon Dieu! Oh, mon Dieu!
Il y a une loi plus grande que nous.
Seulement si tu peux la saisir,
tu es en paix.
...
Cherchez cette loi!
Cherchez-la sans relâche! »

Patricia arriva dans la chambre à ce moment-là. Immédiatement elle fut prise par l'intensité de la pièce, l'intensité des mots que l'on ne peut plus dire par hasard :

« Mais comment... comment peut-on saisir cette loi sans la comprendre?

– Oh, mais la compréhension, ce n'est pas grand-chose.

L'acceptation, c'est tout.
...
Pourquoi je tousse?

Pourquoi je suffoque?
Ce n'est rien.
Les pourquoi et les comment,
ce n'est jamais rien
que du babillage humain.
...
En réalité,
je tousse et je suffoque
POUR SERVIR
et cela, c'est TOUT.

– Qu'est-ce qui nous est permis pour soulager tes étouffements?

– Mais qu'est-ce qui n'est pas permis
quand il s'agit de soulagement?
C'est le ciel seul qui permet.
Il permet un certain soulagement;
et pas plus.
Le reste, on ne peut que s'y conformer. »

Est-ce à dire qu'aucune médecine ne peut aller au-delà du soulagement prévu par le ciel? Est-ce à dire que quand elles parviennent à soulager malgré l'ordre des cieux, elles confondent alors aider un mourant et le priver de sa propre mort?

Gitta s'est à nouveau endormie.

Il est dix-sept heures. En se réveillant Gitta dit avoir passé une bonne nuit. Un nouveau pipi-caca m'oblige à une nouvelle toilette.

« Tu sais, je ne m'appartiens plus,
et pourtant, il m'appartient encore de l'accepter.
Mourir, c'est accepter de ne plus s'appartenir,
et parce que mourir, ça nous échappe,
cela rend l'événement SACRO-SAINT!

– Tu me l'as dit tout à l'heure. Tu rabâches!

– Oui, mais je le redis.
car c'est essentiel.
Il n'y a que cela
et c'est un grand mystère;
je ne sais rien de plus.
...
Ne crois pas que je suis dans de grandes sagesses
ou dans les hauts nuages.
Balivernes, tout ça!
Enfantillage!
...
Je ne m'appartiens plus,
mais il m'appartient de l'accepter ou de le refuser
C'EST LE PIPI-CACA SACRÉ.
TOUT EST LÀ.

– Mon Dieu, pardonne-moi! Ce que tu vis, j'en suis si loin, alors tu peux bien te répéter. D'ailleurs c'est étrange, en même temps tu es très loin et en même temps je te sens si proche.

– Mais bien sûr, celui qui mesure la distance
est en train de la franchir.
C'est cela la contagion de vie.
Fais-leur sentir TA vie.
Alors ils seront vivants.

– Mais comment vais-je encore pouvoir servir les *Dialogues?* Il n'y a que cela qui compte pour moi. M'aideras-tu de là-haut?

– Art'as sert les *Dialogues* avec la s-i-m-p-l-i-c-i-t-é de la vie.
Servez avec le simple!
C'est le seul service.
...

– Mais quel est mon plus grand danger? Maintenant que tu ne seras plus là pour me le mettre sous le nez, je vais sans cesse buter dedans!

– Fais attention avec ton Art'As :
ton pire ennemi, c'est ta fantaisie.
Là, il faut que tu fasses attention.
Tu es traversé de rêves créateurs.
Mais le rêve créateur est symbole :
seulement symbole.
La fantaisie l'applique à la lettre.
Tes visions puissantes sont des directions
et non pas ta prochaine action.
Fais attention : ne confonds pas!

– Comme tu as raison! Et c'est là toute ma démesure. J'ai parfois une si grande perception des choses, je les vois si clairement, que je les crois vraies. Alors je remue ciel et terre.

– Oui, oui, oui!
Tu le vis si vrai
que tu crois que c'est vrai
et cela te gonfle.
En réalité la pancarte qui indique
une ville à dix kilomètres
n'est pas la ville.

– Mais comment vais-je faire, quand je ne t'aurai plus, pour voir ma fantaisie?

– Je te le dis : ta fantaisie, c'est ton plus grand ennemi,
mais c'est aussi ta plus grande qualité : VOIR.
Voir pour aider, ce n'est pas voir pour sauver.
Ne sois pas sauveur :
celui qui se fait voir,
mais aideur :

celui qui fait voir.

– Immanquablement, je vais y retomber. Mon Dieu, c'est vrai, quelle hystérie!

– Ne te moque pas.
La fantaisie, c'est ton piège,
mais tu es grand aussi.
Prends garde!
Tu ne devras jamais être grandiose.
...
Seul celui qui est grand
court le risque du grandiose.
Ton piège, c'est aussi ta plus grande mesure.
Mon ours, tu es très grand!

– Oui, mais en même temps cette grandeur m'encombre. Je suis tellement un ancien petit, un ancien raté, que je ne sais pas me servir de la grandeur sans être faux.

– Oh, oui, c'est ça!
C'est une grande humilité qu'il te faut.
Mon petit, rappelle-toi la guerre du Golfe.
Tu voulais partir avec des enfants
pour te mettre entre les belligérants,
pour empêcher le sang versé.
Tu étais tellement dans ta vérité.
C'est TA grandeur, d'avoir pu y penser.
C'est TA défaillance, d'avoir cru pouvoir le réaliser.
Rappelle-toi la guerre du Golfe. »

Soudain, cela me saute aux yeux. Son exemple est si parlant. Je me suis tellement démené pour essayer d'éviter cette guerre. Mon Dieu, et dire que je suis capable de la même démesure avec Art'As.

« Tout est dans la fréquence,
la fréquence de ce qui se passe.

Le cœur bat encore,
il veut donc encore s'exprimer;
peut-être à travers une nouvelle fréquence de ton œuvre (Art'As)?
Je ne sais pas.
Mais tout est dans la fréquence du battement.
Et toi, tu perçois les fréquences.
Tu comprends?

– J'ai du mal à te suivre, Gitta. Qu'est-ce que tu veux me montrer?

– Le cœur ne dit pas : maintenant tu cesses de battre.
Le cœur dit : il y a encore une nouvelle fréquence qui t'est donnée.
Cette fréquence est SACRO-SAINTE.
TU DOIS T'Y ALIGNER.
...
C'est pareil pour mon cœur.
C'est pareil pour ton Art'As.
Tu vois?

– Est-ce que tu veux me dire que toutes mes fantaisies m'indiquent aussi une nouvelle fréquence sur laquelle je dois m'aligner? Tu me plonges dans un abîme de réflexion. Je sens qu'il y a quelque chose qui m'échappe, quelque chose de très important.

– Abîme de réflexion. Ça y est : les grands mots inutiles! Allez, c'est assez. Va travailler! »

Gitta s'est immédiatement endormie. Un long moment je reste ainsi à côté d'elle, silencieux et perplexe.

J'ai vraiment le sentiment de n'avoir rien compris. Par instants, des bouffées d'amour me submergent, pour cette femme en train de mourir et qui consacre encore tout son temps à mon berceau.

Profitant de sa position couchée sur le côté, je lui masse tout doucement le dos. Puis rassemblant tout mon courage, je lui caresse maintenant le visage. Secrètement, j'espère que la fréquence de mes caresses va faire naître le calme, comme l'autre soir.

Peu à peu, Gitta se met à grogner de plaisir. Et tandis que son cou et tout son visage se crispent pour inspirer un maigre filet d'air, un sourire, un tout petit sourire vient éclairer sa bouche.

Sans aucune explication humaine, je fus transporté de joie d'être co-auteur de son sourire à un moment si difficile.

Bien plus tard, en écrivant ces lignes, j'ai commencé à comprendre que cette scène était la réponse à mon incompréhension...

Mes mains n'avaient pas suivi la fantaisie du sauveur, mais la nouvelle fréquence de l'aideur – son sourire couronnait cette nouvelle fréquence, il était la marque de notre union dans cet instant secret. Un peu coquine, un peu espiègle, Gitta trouva la force de remarquer :

« Mon ours, tu es comme ton chien :
une grosse boule d'innocence.
Tu ne comprends pas,
et pourtant cela arrive quand même. »

Quelques instants passèrent, le silence portait nos messages de tendresse. Il me sembla que rien au monde n'était plus juste que cette chambre. Et puis une crise d'étouffement se déclencha soudain.

« Tourne-toi, ma Gitta. Tourne-toi de l'autre côté

pour mieux respirer. Tu sais, de l'autre côté tu respires mieux!

– Mais non! Ce n'est pas une histoire de côté.
C'est la question du cœur :
de la fréquence de battement du cœur.
Tout est là :
s'aligner sur la fréquence du cœur.
C'est cela la vie, toute la vie :
savoir s'aligner sur la fréquence de notre cœur.

– Que veux-tu dire : on ne peut pas se battre contre cette fréquence? Le cœur impose sans cesse une fréquence?

– La vie a envie d'une fréquence.
Si elle n'obtient pas cette fréquence,
la vie se débat,
et bientôt la vie ne bat plus.
IL FAUT GUETTER LA VIE,
GUETTER SELON QUELLE FRÉQUENCE
ELLE VEUT S'EXPRIMER.

– Pourquoi me dis-tu tout cela, au milieu de ta crise, pour toi, pour moi, pour Art'As?

– Pour tout et pour ton œuvre surtout.
Parce que c'est le grand laisser faire
qu'il faut trouver.
Tu entends : LE GRAND LAISSER FAIRE.
Comprends-tu?

– Mais comment vais-je le sentir pour Art'As? Comment vais-je percevoir cette nouvelle fréquence de vie pour Art'As? Est-ce ta mort qui va me l'apprendre?

– NON, LA VIE!
Car ma mort, c'est ta nouvelle vie,
nouvelle fréquence pour TA vie.

Si la nouvelle fréquence t'habite
alors elle pourra s'exprimer dans Art'As.
La nouvelle fréquence est royale.
ROYALE, tu entends!
Tu n'as plus rien à faire,
LAISSE-LA S'EXPRIMER.

– Elle rayonnera sur les autres, sur ceux qui me sont proches et ensuite s'étendra sur tout Art'As? C'est par ceux qui sont les plus proches qu'elle va s'exprimer?

– Oui, car ils servent.
Mais par toi aussi.
PAR TOI SURTOUT.
Avec ma mort,
tu vas changer de fréquence de vie,
TU VAS TOUS LES ENTRAÎNER.
...
C'est le cœur du grand laisser faire.
Tu n'as plus qu'à écouter
ce que la vie veut exprimer.
ÉCOUTE, HUMBLEMENT.
ÉCOUTE, C'EST TOUT.
ÉCOUTE, CELA SUFFIT.
...
La vie s'exprime par la fréquence d'un battement,
c'est SACRO-SAINT.
Là est le secret de TOUT.
DE TOUT, mon ours.

– Mon Dieu, ma Gitta, ce que tu vois est si grand! Je ne peux que pressentir les forces infinies dont tu parles. Je les sens qui se déversent déjà. Mais je suis si petit que je les entends à peine.

– Écoute attentivement!
Même dans mon désir d'être entendue

pour que vous me soulagiez
par tout ce qui est permis,
C'EST ENCORE LE BATTEMENT,
LE SACRO-SAINT BATTEMENT.
..
L'essentiel,
c'est d'écouter toujours
le battement du cœur.
...
Écoute encore!
La vie pourrait avoir envie
de découvrir des choses nouvelles
à travers T. *,
à travers toi.
La vie est si curieuse, tu sais.
LA VIE EST PUISSANTE
CAR ELLE A FAIM DU NOUVEAU.
Elle a faim des nouvelles fréquences en vous.
Il faut que T. écoute sa nouvelle fréquence.
Toi aussi, tu dois écouter
ce que la vie VEUT de toi.
Que la nouvelle fréquence naisse pour Art'As!
Que la nouvelle fréquence naisse en toi!
La vie est formidable,
elle ne supporte pas la répétition du vieux rythme :
l'ancienne fréquence,
C'EST TOUJOURS LE NOUVEAU BATTEMENT DU CŒUR
DONT ELLE A BESOIN.
...
Celui qui est à l'écoute

* Notre ami astrophysicien.

du nouveau battement
ne peut plus se tromper.
Cherchez, cherchez sans cesse,
cherchez sans relâche
le nouveau battement de votre cœur :
LA NOUVELLE FRÉQUENCE,
car elle est CRÉATRICE.

– Comment puis-je entendre cette nouvelle fréquence?

– Par ta pureté.
T. est pur et naïf, il peut l'entendre,
et si toi, tu écoutes bien,
alors la nouvelle fréquence s'exprimera dans Art'As
et tu la verras agir sans rien faire.

– Comment vais-je la reconnaître, la distinguer de ma fantaisie?

– Si elle est nouvelle,
elle est VIVIFIANTE et PURE.
Si dans ton œuvre il y a quelque chose de pur,
c'est elle.
LÀ, TU SERS.
LÀ, C'EST ALORS LA VIE QUI S'EXPRIME.
...
Écoute attentivement!
La vie nouvelle tolère d'être bien protégée,
même par tous les médicaments possibles.
La vie nouvelle n'est pas sadique,
elle est NOUVELLE.
C'est cela le beau : le Nouveau.

– Ma Gitta, là maintenant, cette nouvelle fréquence est-ce que tu la sens pour toi? Tu la sens te traverser?

– Oh oui!...

– Le beau naît du nouveau! Mais alors, ta mort visite le Beau! Tu es devant le Beau?

– Oui, oui. Ça y est, tu vois!

Sais-tu ce qu'est la mort?

La mort, c'est justement qu'il n'y a pas de nouvelle fréquence.

Tant que la vie répond à la vie,
il y a une nouvelle fréquence.
Aussi longtemps que cela répond,
c'est bon : c'est la vie.
...
Parfois la vie répond par la trinitrine,
et s'accomplit la nouvelle fréquence.
Parfois c'est une autre réponse,
mais la nouvelle fréquence s'établit.
TANT QUE CELA RÉPOND,
C'EST BON.
C'EST LA VIE.
La trinitrine donne de la patience au corps
pour une nouvelle fréquence.
Mais avec la mort,
il n'y a plus sur terre de nouvelle fréquence.
...
C'est ça, la mort :
plus de nouvelle fréquence possible. »

Seulement aujourd'hui, alors que quelques mois se sont écoulés, je peux voir combien la nouvelle fréquence a déjà fait son œuvre en moi, mais aussi dans toute notre association, en pleine mutation sans même que je lève le petit doigt.

Dimanche 24 mai

Lâche-la!

« DONNEZ CE QUI EST VÔTRE!
DONNEZ-VOUS, VOUS-MÊME!
LA COMMUNION, POUR VOUS,
CE N'EST PAS RECEVOIR,
MAIS DONNER. »

(p. 308)

LA nuit fut ponctuée par de nombreuses crises. Mais quelle chance, les piqûres furent encore assez efficaces. Ce jour-là, je le sais, chacun de nous prie déjà de son côté pour que cette agonie ne dure pas.

D'ailleurs, Gitta ne bouge plus du tout. Elle n'a même plus la force d'ouvrir les yeux.

A mon arrivée, elle murmure pourtant :

« La vie est un peu faible, ce matin. »

Bon sang, parler d'elle, ainsi! Non pas : je suis faible, c'est affreux, je vais mourir! Mais : « La vie est un peu faible, ce matin. »

Rien que cette petite musique sans emphase, de petits mots de rien du tout, et tout ça aux portes de la mort.

« La vie est un peu faible, ce matin, reprit-elle.
Mais elle veut encore s'exprimer,
s'exprimer dans le petit...
C'est la vie. »

Il me sembla la découvrir à nouveau, plus grande encore que la veille. Des mots si simples, si paisibles au milieu d'un tel champ de bataille et d'une telle défaite du corps. Depuis quinze jours, décidément j'ai beaucoup appris, plus que pendant les huit années passées auprès d'elle. Sa chambre est devenue un écrin protégeant son don le plus précieux : sa sincérité ultime.

Impossible, en face d'elle, de rester plus longtemps dans le mensonge.

Impossible, en face d'elle, de ne pas essayer d'avoir d'autres yeux, d'autres oreilles, une autre bouche.

Maintenant, elle peut mourir. J'en fais la demande solennelle au ciel. Elle peut mourir parce qu'enfin je sais, jusque dans ma chair, jusqu'où l'on doit aller pour servir la vérité.

« Tu sais, même dans le faible
la vie s'exprime,
même dans le petit.
Je suffoque! »

A chacune de ses crises, Gitta ouvre à nouveau les mains. Soudain, au comble du combat, au comble des étouffements, ses paumes se tournent vers le ciel.

Mais qui suis-je donc avec mes dents serrées pour un rien, mes poings vengeurs pour n'importe quoi?

Assis auprès d'elle, avec mes petits bobos, je me suis senti brusquement minuscule.

A ce moment précis elle ajouta :

« Même dans le petit,
la vie s'exprime.
Et le petit sert. »

Toute la journée, Gitta demeura les yeux fermés, immobile et silencieuse. Elle franchissait sûrement une nouvelle étape. Couchée en chien de fusil, elle râlait de plus en plus faiblement. Plusieurs fois, il me fallut vérifier si elle respirait encore.

Heureusement, notre ami le docteur Carle R. devait venir nous rejoindre dans la soirée. Les semaines à venir s'annonçaient difficiles. La présence d'un médecin à demeure ne serait pas un luxe.

J'ai beau avoir plein de travail, je n'ai pas le courage de m'y mettre. Aussi ce dimanche va-t-il s'étirer au fil de mon esprit et de mes souvenirs avec Gitta.

Je suis là, à côté d'elle. Je la regarde... Je me regarde.

Nous sommes là, ensemble, c'est tout.

Tiens, aujourd'hui notre vieille complicité tumultueuse est plutôt sur son versant paisible. Il n'y a rien, il y a tout... Il y a le goût de nous.

Soudain, sans raison, sans même que les étouffements se soient aggravés, Gitta se redressa sur son lit comme un seul homme. On aurait dit un pantin jaillissant de sa boîte.

Les yeux grands ouverts, elle tourna ensuite sa tête vers la gauche, fixant par-dessus mon épaule une invisible présence.

Tout cela fut si brutal que c'est seulement lorsqu'elle se recoucha que je pris conscience qu'il venait de se passer quelque chose.

Allons donc, mais qu'était-il arrivé? D'où lui provenait cette force nouvelle?

Un certain trouble vint m'envahir, une gêne qui me fit presque douter de ce que j'avais vu.

Qu'avais-je vu d'ailleurs de si dérangeant?

Ces yeux, oui c'est ça, ces yeux grands ouverts!

C'était bien ça, cet impressionnant regard qui ne voit plus la terre, qui traverse la matière pour aller plus loin, au-delà de tout, pour aller VOIR, un point c'est tout.

Mais pourquoi ses yeux me faisaient-ils si peur, tout d'un coup?

Il me revint en mémoire cette histoire que Gitta racontait souvent : combien, durant les années sombres de sa vie, elle avait guetté sans cesse par la fenêtre, comme si quelqu'un devait venir. Certes, un jour l'Ange allait répondre à son attente en venant la rejoindre par la bouche de Hanna.

Aucun doute pour moi! C'était ça, ses yeux : aujourd'hui la rencontre avait de nouveau lieu, encore plus grande. Je le sais, c'est son Ange qu'elle découvrait, non plus seulement en mots mais en images.

C'était ça, mon trouble : son indescriptible étonnement! Elle en était surprise, une surprise enfin Humaine.

C'était ça, mon trouble, aussi : son ravissement inconnu! Elle en était si heureuse, d'un bonheur enfin Humain.

Au fond, ses yeux grands ouverts ne venaient-ils pas de surprendre SA présence devenue visible? Si visible d'ailleurs que cette matière si fine renvoyait toute autre matière au rang de la transparence.

Voilà, j'y étais, elle avait regardé derrière moi, traversant mon corps comme une anecdote puisque l'important était maintenant ailleurs.

Pour la première fois de ma vie, je n'étais plus qu'une anecdote pour Gitta. Le voilà, mon trouble le plus profond devant de tels yeux. Était-ce dans le grand jeu des hasards une préparation pour la suite?

Alors que je me réinstallais dans mon fauteuil, à peine remis de ma surprise, le phénomène se reproduisit une nouvelle fois. Son corps, pourtant au bout du rouleau, eut un incroyable sursaut de vie.

Ah! Cette fois-ci, avec plus de recul, je pus observer ses immenses yeux. Y plonger jusqu'à me faire peur.

L'invisible présence persistait derrière moi à gauche. Gitta la fixait avec une expression que je ne lui avais jamais vue, en me transperçant de part en part.

Rien sur terre ne pouvait faire naître de tels yeux, rien sur terre n'aurait pu faire revivre à ce point son visage. Elle était transfigurée, voilà bien le seul mot qui me vient, son teint blême avait soudain laissé la place à des joues rouges. Et ses yeux étaient devenus pétillants.

Croyez-moi, cela fait d'abord peur. Peur de perdre la raison. Et puis c'est si beau que cela en devient presque envoûtant. A chaque fois, je fus saisi un peu plus par ce regard. Je me saoulais en lui d'une ivresse étrange; comme si Gitta et cette présence invisible m'invitaient à visiter un peu de leur amour.

Bientôt ce fut presque insupportable : en même temps leur amour me brûlait, en même temps je ne pouvais plus m'en détacher. Des sentiments insoupçonnés me traversèrent avec tant de violence que leur intensité croissante me conduisit bientôt aux limites de mon système nerveux.

Tout fut alors baigné d'amour. Les choses, les objets les plus ordinaires dégageaient tant d'amour que bientôt, il n'y eut plus un seul endroit où mes yeux purent échapper à cette chaleur. De partout, partout l'amour jaillissait, m'embrasant, au point qu'il me sembla frôler la mort; car l'on en meurt, que tant d'amour soit possible.

Instantanément tout mon être fut alerté par un danger imminent.

C'était trop, beaucoup trop! Le fabuleux cadeau me permettant d'assister à leur intimité deviendrait un enfer si je persistais encore un peu. J'en étais sûr à cet instant-là : une telle dose d'amour n'étant possible qu'avec la proximité de la mort, je risquais bel et bien la mienne en demeurant dans de telles fréquences.

Il me fallait sortir de cette chambre, sortir à tout prix. C'était une question de vie ou de mort pour moi aussi.

Ses yeux ne remarquèrent même pas que je me levais. Ils racontaient une immense rencontre, une réunion sacrée que maintenant j'aurais profanée en restant avec mon humanité trop grossière.

A cet instant, j'ai mesuré que la mort offre aussi quelques privilèges : une humanité si fine que les amours qui lui correspondent sont impossibles sur terre. Il était dix-sept heures, je suis sorti.

En me retrouvant sur le pas de la porte, je fus quelques secondes face à l'étroitesse de mes sentiments. J'en quittais de si grands!

Il me sembla que la vie était dans sa chambre, et que dehors ce n'était qu'un rêve, une esquisse de vie qui nous berçait tous. Il me sembla quitter la patrie de mon humanité en quittant son chevet. Et une nostalgie profonde me submergea.

Heureusement, elle était si près de son Ange qu'il planait encore dans l'air une sorte d'intensité me rapprochant du mien.

Contagion, ma Gitta, contagion sacrée!

Soudain il me fut aussi évident d'entendre mon Ange que pour toi de le voir. J'en ai même sursauté, qu'autant de présence soit possible.

« Sa mort vient.
Encore un instant,
les dés sont jetés.

– Mon Ange, j'ai mal qu'elle souffre encore.

Comment puis-je l'aider?
– L'Aide est en haut.
Toi, tu es en bas.
Au milieu : sa mort
et chacun tire de son côté. »

Mon Dieu, quelle horreur! Ainsi, en la retenant sur terre, je contribuais moi aussi à la faire souffrir, à faire durer sa mort. J'en pris conscience avec encore plus d'acuité.

« Mais... mais, mon Ange, où est-ce que je la retiens? Montre-moi, je t'en supplie, montre-moi! Je ne veux pas la tourmenter, elle, non, pas elle!

– A quoi tiens-tu avec elle? Là, tu retiens! »

Mon esprit cherchait à toute vitesse. A quoi je tiens? Mais à quoi je tiens en ce qui la concerne? Cela tourna dans ma tête. Il me fallait trouver, coûte que coûte trouver. Une sorte d'indignité sacrée en dépendait.

Soudain ce fut évident.

C'est à ma place auprès d'elle que je tiens le plus!

Oui, c'est ça! C'est ma place de confident des dernières heures!

Oui, c'est ça! C'est ma place, mon importance.

Oh, mon Dieu, en prenant une telle place, en demeurant important, je rivalisais avec l'importance de la présence invisible..., je rivalisais avec son Ange cherchant à l'élever.

Soudain, ce fut insupportablement évident, et la scène de la chambre me le confirmait amplement : je devais devenir encore plus transparent pour qu'elle puisse se tourner totalement vers son Ange. Les mots qui suivirent sont nés de moi, plus loin que moi :

« Tu t'accroches à elle,

alors, lourde,
elle ne peut s'élever vers NOUS.
LAISSE TA PLACE!
SOULAGE-LA, PARS!
Ton œuvre commence,
son œuvre se renouvelle. »

Ce soir-là, j'ai eu la certitude que j'attachais Gitta à la terre en demeurant à son chevet, prêt à tout noter.

En maintenant de la sorte un dernier sens à sa vie, je contribuais aussi à retarder sa mort.

Quel idiot je faisais quand même! Ne m'avait-elle pas dit :

« Quand il n'y aura plus de sens, je craquerai. C'est le Grand Jeu du sens! »

Ce soir-là, je l'ai quittée vraiment, quittée au-dedans..., sacrifice héroïque de ma petite humanité espérant devenir grande. Je suis retourné dans sa chambre, et je suis resté un court instant debout à côté d'elle. J'ai remonté ses draps, comme on recouvre un enfant qui va dormir. Et je n'ai pas pu empêcher une petite larme de couler.

Ce soir-là, je l'ai quittée vraiment, ma petite maman du ciel, pour laisser partir ma grande amie de la terre.

En la confiant à d'autres mains, j'ai su, totalement su, que je l'aidais pour accomplir sa dernière Beauté.

N'était-ce pas ainsi, entre nous, depuis toujours? Je l'ai laissée pour qu'elle naisse ailleurs, encore plus belle.

Elle m'a laissé pour que je naisse ici, un peu plus beau.

C'est peut-être cela un couple spirituel!

Quand l'un meurt,
l'autre vit
et le SENS continue.

Épilogue

Lundi 25 mai, quatre heures du matin

« A LA PLACE DE LA LUMIÈRE SANS CORPS
ET DU CORPS SANS LUMIÈRE,
LE NOUVEAU, LES DEUX AMANTS UNIS.
LE VERBE DEVIENT CHAIR,
ET LA MATIÈRE DEVIENT LUMIÈRE. »

(p. 363)

Ce soir-là, Patricia, dont le stage venait de finir, vint me relayer. Pour elle aussi, cette mort qui tardait devenait insupportable. Mais qu'a-t-elle encore à comprendre? Pourquoi ne part-elle pas? C'est trop! C'est trop de rester vivante à ce prix!

Pour la rassurer, mais aussi pour qu'elle s'explique mon comportement à venir, j'ai essayé de lui résumer ma journée et ma conviction qu'il fallait dorénavant que je laisse la place pour « aider » Gitta à mourir.

Patricia comprit immédiatement. Malgré sa fatigue, elle proposa même de passer la nuit à son chevet.

Tard dans la soirée, je fus réveillé par l'arrivée de notre ami Carle R. Avec Carle et Patricia, ma Gitta était désormais en de bonnes mains. Le ciel avait pourvu efficacement à mon remplacement.

Vers minuit, Carle dut lui faire une piqûre pour calmer ses douleurs. Au bout de quelques instants, Patricia vint s'inquiéter :

« Est-ce que cela t'a soulagée, Gitta? »

Elle répondit par un geste affirmatif de la tête. Puis sa respiration se calma peu à peu. Deux ou trois fois, elle ouvrit de grands yeux en regardant derrière nous, me confièrent le lendemain Carle et Patricia, étonnés.

Vers quatre heures du matin Patricia se réveilla : Gitta était morte. Ou déjà née.

Cette nuit-là, j'ai rêvé que je parlais à nos Anges :
« La lumière est-elle toujours avec nous?
– Oh! non, nous ne sommes invités
que quand l'adulte SAIT JOUER. »

Gitta a su jouer jusqu'au bout. Et il fallait que vous le sachiez, parce que c'est une graine d'espoir qu'une telle mort soit possible.

Deux jours plus tard, selon ses propres volontés, elle était incinérée. Elle n'avait voulu que Patricia et moi pour son dernier voyage, aucune cérémonie à la gloire de sa personne, ni aucun lieu de culte à la gloire de son nom. Elle voulait disparaître, un point c'est tout, pour s'effacer devant les Anges, pour ne pas attirer vers elle mais envoyer vers eux... Dignité finale!

En jetant ses cendres dans le Rhône, en la voyant partir ainsi au fil du courant, notre courage a vacillé.

Toi, ma Gitta, si vivante, si présente, que restait-il de toi?

Pas même une plaque avec ton nom écrit, aucun endroit sur terre où l'on puisse se dire : tiens, elle est là!

Où es-tu, ma Gitta?

En rentrant dans la voiture, il y eut un long silence. C'est Patricia qui le rompit en me montrant où désormais allait vivre Gitta.

Elle avait raison!

En faisant le bilan des années passées auprès d'elle : il y avait la Patricia d'avant Gitta et la Patricia d'après. Il y avait le Bernard d'avant Gitta et celui d'après. Il y avait aussi des milliers de lecteurs d'avant Gitta, et ceux d'après.

Maintenant je sais où tu es, ma Gitta : À CES ENDROITS PRÉCIS OÙ TU AS LAISSÉ TA TRACE EN MOI, EN NOUS.

Tu es là, chaque fois que l'un de mes comportements est le fruit de ton action sur moi. Tu es là, où tu as marqué ma chair, là où tu fais désormais partie de ma nature.

Même lorsque je ne pense pas à toi, tu es là dans mes cellules, là où je suis NOUVEAU à cause de toi.

Quelle dimension cela donne tout à coup au mot « filiation »!

Elle n'a pas eu d'enfant issu de sa chair, mais elle se prolonge en tous ceux qu'elle a enfantés, et chacun sait dans son cœur s'il est ou non son enfant.

Il y a d'un côté ces cendres de mort et de l'autre ces graines de vie, au fond cela suffit.

Et le SENS continue.

Table

BIBLIOGRAPHIE DE GITTA MALLASZ

Aux Éditions Aubier

Dialogues avec l'Ange, 1976.
Dialogues avec l'Ange, éd. intégrale, 1990.
Les Dialogues tels que je les ai vécus, 1984.
Les Dialogues ou l'Enfant né sans parents, 1986.
Les Dialogues ou le Saut dans l'inconnu, 1988.
Petits Dialogues d'hier et d'aujourd'hui, 1991.

OUVRAGES DE BERNARD MONTAUD

Aux éditions Dervy

César l'éclaireur, 1990.
Quand l'ange s'en mêle, (avec Patricia Montaud).
César l'enchanteur, 1995.

Aux éditions Edit'As

L'accompagnement de la naissance, 1997.

« Espaces libres »

DERNIERS TITRES PARUS

50. *La Psychologie de la divination,* de M.-L. von FRANZ.
51. *La Synchronicité, l'âme et la science,* ouvrage collectif.
52. *Islam, l'autre visage,* d'Eva de VITRAY-MEYEROVITCH.
53. *La Chronobiologie chinoise,* de Pierre CRÉPON et Gabriel FAUBERT.
54. *Sentences et proverbes de la sagesse chinoise,* choisis et adaptés par Bernard DUCOURANT.
55. *Vivre. Paroles pour une éthique du temps présent,* d'Albert SCHWEITZER.
56. *Jésus fils de l'homme,* de Khalil GIBRAN.
57. *Les Chemins du Zen,* de D. T. SUZUKI.
58. *Le 3e Souffle ou l'agir universel,* de Jeanne GUESNÉ.
59. *Le Testament de l'Ange. Les derniers jours de Gitta Mallasz,* de Bernard MONTAUD.
60. *Confiteor,* de Bernard BESRET.
61. *Les Mythes de l'Amour,* de Denis de ROUGEMONT.
62. *La Place de l'homme dans la nature,* du père TEILHARD DE CHARDIN, présenté par Jean ONIMUS.
63. *Communiquer pour vivre,* ouvrage collectif sous la direction de Jacques SALOMÉ.
64. *Accroche ta vie à une étoile,* de Stan ROUGIER.
65. *Du bon usage des crises,* de Christiane SINGER.
66. *Parole de terre. Une initiation africaine,* de Pierre RABHI.
67. *J'attends Quelqu'un*, de Xavier EMMANUELLI.
68. *Désert, déserts*, de Jean-Yves LELOUP.
69. *Le Graal,* de Jean MARKALE.
70. *Ultimes Paroles*, de KRISHNAMURTI.
71. *Moïse raconté par les Sages*, d'Edmond FLEG.
72. *Le Doigt et la Lune*, d'Alexandro JODOROWSKY.
73. *Thé et Tao, l'art chinois du thé*, de John BLOFELD.
74. *L'Égypte intérieure ou les dix plaies de l'âme,* d'A. de SOUZENELLE.
75. *L'Au-delà au fond de nous-mêmes. Initiation à la méditation,* d'A. et R. GOETTMANN.
76. *Le Soleil d'Allah brille sur l'Occident,* de S. HUNKE.

77. *Le Livre des prénoms bibliques et hébraïques*, de M.-A. OUAKNIN.
78. *Le Chant de l'Être*, de S. WILFART.
79. *La Parole au cœur du corps*, entretiens avec J. Mouttapa, d'A. de SOUZENELLE.
80. *Henri Le Saux, le passeur entre deux rives*, de M.-M. DAVY.
81. *La petite Sainte Thérèse*, de M. VAN DER MEERSCH.
82. *Sectes, Églises et religions, éléments pour un discernement spirituel*, de J.-Y. LELOUP.
83. *À l'écoute du cœur*, de Mgr MARTINI.
84. *L'Oiseau et sa symbolique*, de M.-M. DAVY.
85. *Marcher, méditer*, de M. JOURDAN et J. VIGNE.
86. *Le Livre du sourire*, de C. de BARTILLAT.
87. *Le Couple intérieur*, ouvrage collectif sous la dir. de P. SALOMON.
88. *Nous avons tant de choses à nous dire*, de R. BENZINE et C. DELORME.
89. *Tous les matins de l'amour*, de J. SALOMÉ.
90. *L'Orient intérieur*, ouvrage collectif sous la direction de M. DE SMEDT.
91. *Les Évangiles des quenouilles*, traduits et présentés par JACQUES LACARRIÈRE.
92. *Les Mémoires de l'oubli*, de J. SALOMÉ.
93. *Qu'est-ce qu'une religion ?*, d'O. VALLET.
94. *Science et croyances*, de A. JACQUARD et J. LACARRIÈRE.
95. *Nicolas Berdiaev, ou la révolution de l'Esprit*, de M.-M. DAVY.
96. *Dernier Avis avant la fin du monde*, de X. EMMANUELLI.
97. *Jésus et Bouddha*, d'O. VALLET.

La reproduction photomécanique de ce livre
*a été réalisée par l'***Imprimerie Bussière***,*
l'impression et le brochage ont été effectués
sur presse Cameron
dans les atelier de ***Bussière Camedan Imprimeries***
à Saint-Amand-Montrond (Cher),
pour le compte des Éditions Albin Michel.

Achevé d'imprimer en décembre 1999.
N° d'édition : 18803. N° d'impression : 995295/1.
Dépôt légal : décembre 1999.